U0932060

凡事謝恩，我真係覺得好難

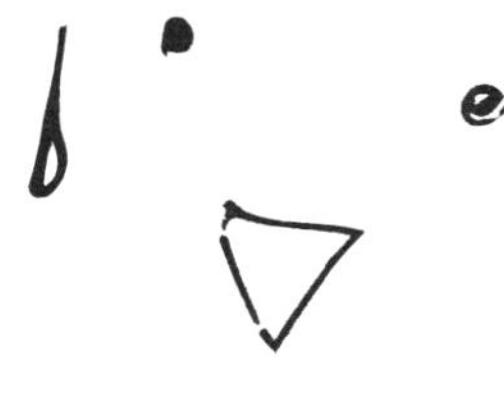

社會文化

目錄

自序

動筆寫這本書的原點，是幾年前某天，當《時勢好惡，做基督徒好難》出版後，和一些讀者交流時，談到做基督徒的各種難處。

人生好難，已夠叫人疲累；要在這種的狀態下感恩，更有種格格不入的折磨。但凡事謝恩又是基督教信仰常常被提及的主題，那該如何是好？會不會，有些重點我們是搞錯了？會不會，有些地方的解讀偏離了原來的目的？

於是，我開始重新思索感恩這回事。

正如魚游於水，在教會圈子，未必意識到這些慣用語到底在說什麼，我也不例外。當我愈去想什麼是感恩，對身邊發生的事就愈是敏感，不斷問自己：這件事值得感恩嗎？什麼地方值得？為什麼值得？然後，我就像打開一個感恩的雷達，開始審視每一個經歷。漸漸地，慢慢地，我發現自己是在人生的不同階段中，尋找當中的美善。

這些美善，有時候來自人，有時候來自大自然的創造。然而這些美善，不一定搶眼奪目，很多時都不會大鑼大鼓，就像樹叢之間振翅撲翼的小粉蝶，若不凝神細看，就會從眼角最邊緣的位置溜走。

然而，在我開始細意觀察四周的美善時，困難接踵而來。其中最痛苦的，是我親如兄長的好友的離世。

他是我人到中年才開始相熟的朋友。我這個人，雖然對人友善親近，但一般都在表層止步，生命中最艱難之處，很少跟人提及，尤其那些仍未跨越的難關，就更是如此。這位朋友，是少數我會把生命深處的掙扎向他陳明的人，大概是因為，我知道他明白。

當他忽然離開這個世界，我無法不想，在傷心難過的日子，感恩這件事，是不是太過殘忍？仍說感恩，是不是要為不好的事情強求正面？是不是一種無法接受現實而衍生出來的空想？

一個問題接一個問題，一個質疑轉到另一個質疑，我開始沒有信心再說下去。

* * * * * *

忽然有一天，想起十幾年前在台灣考察，探訪過一個佛教團體。那裏的人習慣一開口就說「感恩」，順口得有如呼吸，卻又有種說不出來的異樣。當想到我們彼此之間同中有異，不禁自問，他們口中的感恩，和我的感恩，有什麼分別？除了發現生命中的美善，感恩的練習，在基督教信仰中有沒有其他用意？

於是，我嘗試投進初代基督徒身處的世界，設想自己在那個環境下，對感恩有什麼體會。為此我特別感謝每一位努力梳理歷史和考古資料的聖經學者，因着這些考據，經文的脈絡變得立體，讓人看見恩惠如何使人進入階級利益的爭競和計算，如何使人變成互相利用的關係。關於感恩的討論，不再純粹和生命中遇到什麼好事情有關，更在乎這些恩惠來自於誰，在乎受恩者以怎樣的行動去回應施恩主。

當我們宣認恩惠來自上帝，「感謝上帝」的意思，就是地上的權勢不是我感恩的對象。

當我切換到這個視點，每當詩歌或經文出現感恩的字眼，感受變得不再一樣。感恩變成信仰的宣告、生命主權的宣認，是主動的選擇，而非被動地等待好事發生。感恩是要向黑暗權勢宣告，那毀滅生命的力量沒有能力令上帝的仁愛消失，仁愛永不止息，我欲仁斯仁至矣，上帝依然是萬有的根基。

地上的權勢利用恩惠，使人陷於奴役，身不由己。而由這種制約產生出來的文化，從外至內，又由內而外，成為人倫社會捆綁人心的枷鎖，使人無法體會上帝施恩的心意。當信徒羣體沒有辨明恩典與施恩主的關係，我們很容易就以世界那一套的恩典法則，套用在社羣之中，變成與世俗權勢利用恩典去操弄關係無異，讓人遠離上帝的恩典。

任何「你要感恩」的勸說，即使背後有何等偉大光明的理由，都可以破壞感恩能帶給人的好處。感恩從來都是發自內心的主體行動，任何被動地要求的感恩期望，都只會使感恩塗上惡名。正如我決定要寫這本書，理由只有一個，就是我打從心底裏希望，藉着書寫，感謝上帝讓我嚐到恩典的滋味。

******

自上一本書出版後，不斷有讀者問什麼時候有下一本，抱歉讓大家久等了，這本書算是我就着上文提及的思考的回答。這段日子，外在環境變化之大，令人措手不及，難以適應。雖然我說話長氣，有時被稱為「口水堅」，但說到底，我不是那種有很多東西想說想寫的人。加上疫情阻隔，窒礙了人與人之間的連結與對話，我彷彿掌握不到語言的節奏，文字變得無法拿捏，下筆千斤重，一時囉囉唆唆兜兜轉轉，一時無以為繼忽然語窒，文章不斷砍掉重練。

感謝家人的打氣和激勵，三不五時就問我寫好了沒有，比編輯追稿還要頻密。每次一聽到「編輯是不是要放棄你了？」，或是「你的編輯好慘……」，甚或「不如算數啦……」，我總是不服氣地重新振作。

感謝神學院的老師，這幾年讀過的書和上過的課，實在給我許多啟發；你們透過著作和講課，讓我有機會稍稍窺探《聖經》的世界。然而惟恐自己學力不足，理解有差，不敢妄提各位的名字，請自行對號入座，願上主堅立你們所作的工。

感謝每一位讀者朋友的厚愛，這幾年間我多了一個書籍作者的身分，有機會入選不同候選書單，有機會受邀分享用廣東話創作的事情，筆下的廣東話意譯經文，有機會在婚禮、在網上短片中被讀出，著作有機會成為浸禮禮物，有機會吸引基督徒以外的讀者認識信仰所為何事。這些機會絕非必然，感謝上主使用。

感謝贊助本書初版製作的有心人，感謝你們的信任。尤其在人與人的互信隨時崩塌瓦解的年代，你們的同行與支持，成為莫大的鼓勵，見證恩典的實在。

感謝編輯史曉晴和設計師西奈，感激你們沒有放棄。每次當我覺得寫不下去時，就想到上一本書出版後，我們一起吃飯慶功的那個晚上，我心中一直想，下一本書也要交給你們。幸好，感恩，你們仍在。

* * * * * *

雖然經過不斷練習，好像已找到一些什麼竅門，老實說，直到今天我仍然覺得，凡事謝恩這件事，超難。

就像這本書最後成書之際，我在加拿大一個機場，因為太投入修訂文稿，渾然不覺時間的流逝，沒有發現登機閘口的改動，也聽不到航空公司的尋人呼喚，最後我在飛機剛剛離開登機閘後才趕到。那一刻，內心各樣翻滾的情緒，排山倒海地把我淹沒，萬念俱灰，不斷責怪自己掉以輕心，種種悔恨令我好想大哭一場，唉聲連連。

那一刻，這本書所講的一切都如同廢話。然而同一刻，練習感恩的效果開始漸漸滲出。

隨着辦理領回行李的手續，我聯絡上幾天前才一起見面食飯的朋友，讓我晚上不用留在機場等天光。我慶幸手機仍能接駁上網，能即時買到隔天的機票回港。我慶幸中間有一整天等待的空間，雖說是滯留，卻也是難得的專注時刻，沒有其他事務打擾，讓這本書終於看見終點。

然後那些抑鬱的情緒，開始從自怨自艾的黑洞中擺脫。這些經歷提醒我，不要自作聰明，不要自以為能透徹掌握什麼。人生的課題，比我們能想像的更大，就在我們自信滿滿的時候，命運就要我們學懂謙卑，學懂珍惜，學懂感恩。

* * * * * *

一如既往，書中會有我用廣東話口語意譯的《聖經》選段，這譯法的源起，在《時勢好惡，做基督徒好難》的序言有交代過。為貼近香港人的日常語境，這些譯文我只會取其大意，不會逐字對譯，例如我會把捕鳥換成捉魚，也會把上帝思念我們不過是塵土，以父母看着患病兒女的心境來描述。有些讀者對這做法頗感疑惑，所以這次每篇開首，也預備了和合本譯文，以減輕讀者的疑慮。

別人的見證是別人的事，感恩必須透過自身的經歷去領會，必須透過練習去對焦和深化，讓身體記住，讓心靈敏銳。在此祝福每一位讀者，在感恩的練習中，與上主相遇。

梁柏堅

2023 年 10 月 22 日

寫於香港

Part 1：感恩是對瘋狂世界的抵抗

1-1 喺瘋狂世界練習感恩

[14] 感謝主！感謝佢畀機
會我哋，加入打勝仗返
屋企嘅行列！[15] 嘩！成
條街都係慶祝我哋打勝
仗嘅花香，我哋真係由
頭香到落腳趾尾。[16] 打
勝仗，呢啲花就代表
住勝利，梗係開心啦！
但對於嗰啲行喺後面嘅
俘虜，聞到啲花香心
都寒，送殯一樣，因爲
要死嘅唔係邊個而係佢

哋。17 呢場仗打得贏，
係因爲上帝出手，所以
我眞係超感恩。但有啲
人以爲係靠自己，攬晒
啲功勞上身，吹到自己
鬼咁大，周圍撈油水泊
碼頭，撈到風生水起。
呢啲嘢我眞係唔識講，
我淨係識喺上帝面前講
事實，有嗰句講嗰句，
對得住基督，對得住上
帝。

〈哥林多後書〉2 章 14 至 17 節

和合本經文

14 感謝上帝！常率領我們在基督裏誇勝，並藉着我們在各處顯揚那因認識基督而有的香氣。15 因爲我們在上帝面前，無論在得救的人身上或滅亡的人身上，都有基督馨香之氣。16 在這等人，就作了死的香氣叫他死；在那等人，就作了活的香氣叫他活。這事誰能當得起呢？ 17 我們不像那許多人，爲利混亂上帝的道；乃是由於誠實，由於上帝，在上帝面前憑着基督講道。

〈哥林多後書〉2 章 14 至 17 節

動盪世界，很多時都超乎我們想像。

當你以為政治經濟疫症，已把我們的生活世界弄得一團糟，誰知這只是亂局的前奏。留在原地的，眼前一切都變得陌生，搞不清理性看不懂邏輯，怕染疫怕斷糧怕惹禍，在惶恐中擔驚受怕；遠走他方的，人人東竄西逃，一心尋找可以遠離一切禍患的秘境，然而戰爭的硝煙竟又乘時升起，人間原沒有仙境，蓬萊從來是烏托。

時勢好惡，人生好難

活在秩序大亂的世界，許多人開始覺醒，看見昔日的和平原來是那麼脆弱。相約吃飯，每每好事多磨，一拖再拖；說了再見，不一定能再相見。過去很多簡單的約定，原來都有賴世界相對安穩的環境和秩序，讓我們可以想像未來，短至明日相見，遠至計劃人生。

試過很多次延期之後，有時與朋友說起不如一起吃飯見面，也不敢預約太久，未來兩三天約不成的話，那就隨興再約，無謂太多失望。有些見面，當時只道是尋常，誰知一時不見，轉個頭就是此生永訣，從此天各一方，今生今世再難相見。

在時代的波濤中，許多人都如一葉輕舟，在巨浪中搖晃不定，命運無法自主，隨浪翻滾，逐水漂流。

也許塵世的力量實在過於強大，也太過靠近，太過嚇人，順我者昌逆我者亡的威脅，時刻在頭頂盤旋，佔據我們的心思，搶奪我們的意念，成為我們人生在世的絕對和唯一。反正無處可逃，有些人會想，不吃白不吃，不如在這世界的權勢手下盡用優勢，圖個快活，一鳥在手好過兩鳥在林，將來的事將來再說。

信仰，在這樣的處境下，是什麼呢？什麼叫相信？相信，是相信了什麼？這樣的相信，對我今天行事為人又有什麼影響？

許多基督徒，所謂有信仰，是指有返過教會，有做過決志祈禱，甚至有洗過禮。有自知之明的會託辭說自己不是信得很虔誠，怕別人用信仰來對質；無自知的則往往大言不慚，口中常發偉論，把連自己也擔不起的擔子壓到別人的肩膊上。信仰嘛，在這意義下只是一個宗教活動的入會儀式。或許你會說，這些都是掛名基督徒，我可是很認真的喔，每年都有參加讀經計劃，每季都上主日學，每天晨禱晚禱，團契崇拜從不缺席，難道這不叫信仰嗎？

請別誤會。能夠長年累月這麼堅持，我深信背後一定有相當的信念支持，更何況，在只求網上派 Like、貼貼祈禱手 Emoji 就叫信仰的今天，能默默地、認真地、恆久地追求信仰，這種真誠，絕對是要好好珍視的。

在日常生活中，對焦上帝的感恩

所以，為免讓這美好的真誠失諸交臂，不讓天國上好的福分付諸東流，讓馬大的勤勞找回馬利亞的心，體貼耶穌的心腸，我們要在日常生活中練習對焦。

這對焦的練習，叫作感恩。

對於感恩，我們很多時只在意生命中發生了什麼好事；然而，感恩的練習，最重要的也許不在於「什麼」，而在於「誰」——感誰所施的恩。

年少時在教會長大，常常聽到人說屬靈操練，總的來說，大概就是一堆關於靈修讀經祈禱的課業。為了能客觀評估，這些課業都有量化指標可以參考，然後大家就看自己每星期有多少次靈修，做了多少次晨禱晚禱，讀經讀了多少篇章，甚至發展出學習階梯，一級一級地，完成每個階段的課業要求。

看着這些要求，我常想，做了這些，信仰就進深了嗎？當我們只着眼於這些操練本身，只知其然，不知其所以然，做是有做的，但不知為何而做，在外在規範中大費周章，沒有對準所為何事，那麼我們就會迷失在信仰的門面工夫，自覺或不自覺地裝出一副屬靈的樣子，以為自己的信仰足夠堅實，卻在風浪之中不堪一擊，在誘惑之中認賊作父。

如果信仰是一趟旅程，這些一分一寸的失焦，最終會使我們不知走到哪裏去，在故事揭盅的一刻，在天國降臨的日子，才發現自己不在上帝那邊的隊伍。

為免我們最後才驚覺自己早就離開上帝的隊伍，為免這種認知的落差發生，我們在世上的日子，就應像攝影師一樣，每拍一張照片前，就把焦點對準。每一次練習對準上帝的感恩，能讓我們培養出一種敏銳，時刻分辨恩典的來源，認出上帝作工的痕跡，發現祂的標記，防止我們在混亂的世代，把金牛犢當作上帝。

即使我們一生都在宗教的圈子中打滾，即使我們擁有在教會羣體中備受尊榮的頭銜，即使我們以上帝的名義做過許多贏取萬千掌聲的壯舉——如果我們沒有跟隨基督，在貧窮人中間宣告天國的釋放，讓身陷困苦的人看見和平國度的盼望，讓人回歸到上帝的接納當中，這一切都終必徒然。

操練的問題不在於操練本身。我們要的是誠實面對自己，時刻察驗心中最不為人知的動機，以基督耶穌的心為心，着緊於上帝和平的國度。這樣感恩的練習，就不會那麼容易失焦。

雖說在瘋狂的世界，我們或會因着各種原因，失焦的事仍會發生；但感恩的是，上帝已差派聖靈同在，在或大或小的提示中，調節我們的步伐，修訂我們的方向，不叫我們完全迷失在擔心、驚怕當中。

而最最最重要的是，祂在。

1-2 感恩不是口頭禪

18 好嘅樹，唔會生啲壞
嘅果；同樣道理，壞嘅
樹，就生唔出好嘅果。
19 棵樹生唔到好嘅果，
留嚟做乜呀？梗係斬咗
佢當柴燒啦。20 所以好
簡單，睇下啲果，就知
道邊棵樹係好嘅樹。
21 人都係一樣。唔係個
個叫我「主啊，主啊」
嘅都可以入到天國，只
有嗰啲按住天父心意做

人嘅先至得囉。22 到嗰
日，一定會有好多人走
埋嚟同我講：「主啊，
主啊，我成日同人講
經，祈禱趕鬼又靈，神
蹟見證多到可以講三日
三夜，乜你唔知我咩料
嘅咩？」23 好，我再講
白啲：「你乜水呀？行
開啦，你係點我唔知
咩？唔使喺我面前扮嘢
喇！」

〈馬太福音〉7 章 18 至 23 節

和合本經文

18「好樹不能結壞果子；壞樹不能結好果子。19 凡不結好果子
的樹就砍下來，丟在火裏。20 所以，憑着他們的果子就可以認
出他們來。」

21「凡稱呼我『主啊，主啊』的人不能都進天國；惟獨遵行我天
父旨意的人才能進去。22 當那日必有許多人對我說：『主啊，
主啊，我們不是奉你的名傳道，奉你的名趕鬼，奉你的名行許
多異能嗎？』23 我就明明地告訴他們說：『我從來不認識你們，
你們這些作惡的人，離開我去吧！』」

〈馬太福音〉7 章 18 至 23 節

就像很多基督教常用術語，「感恩」這兩個字，有時比粗口更難聽。

被稱為「常用術語」，就是我們與人的日常傾談中，經常自覺或不自覺地提起 —— 生活上遇到幸運的事，我們感恩；朋友遇上開心的事，我們感恩，甚至一些不像值得感恩的事，我們也要屬靈正確，強行把事情解釋到不得不感恩，彷彿不說感恩就離經叛道、十惡不赦，扭曲自己之餘，連別人的經歷也一併扭曲。久而久之，我們習慣以字面的解釋理解，忘記也不再深究這些詞語本來的意思。

鋪天蓋地的正能量，只有光明沒有黑暗的自我欺騙，不食人間

煙火的離地信仰，往往就從失控的屬靈術語開始。

當一句說話說得太過順口，說的時候往往就不經大腦。或許說的人不是有意，但說出的話就收不回。

感恩的錯，全因眼裏只有小確幸

有一次，和大學時代一位老師吃飯，談起信耶穌這回事。其中老師提起一件令他難以釋懷的事，是當年老師的家人身患危疾，有一天信耶穌的親戚前來探望，不知是太順口還是什麼，言談間出現了「感恩」二字。老師和師母的心情可想而知，我聽了也心裏難過，熱淚上湧。雖然話不是我說的，但愧疚的心情揮之不去，當下只跟老師師母說對不起，因為實在是太難過。

「感恩」這兩個字，其實是無辜的，錯就錯在我們沒有弄清楚要感什麼恩，以致搞錯對象，弄錯場合。我們很容易把生活裏的好運氣當成感恩的材料，行街去玩沒下雨很感恩，地上拾到零錢搭車還剛好是所欠的金額又感恩……這些都沒有問題，但問題是當我們的眼目全都投在自己身上，只為發生在自己身上的幸運感恩，我們的心思就會變得狹窄。

正如感恩不是罪，小確幸本身也不是大問題。有時，生活壓力太大，每日都是營營役役，能在苦中嚐到一點甜，久旱稍逢甘露，炎夏呷口涼水，讓我們稍息得力，也是美事。但是，我們需要知道，小確幸很好，但只是人生的點綴，不是生命的追求，僅此而已。有，固然是好；沒有，天也不會就此倒塌下來。

天國子民的視點，見證身分的換轉

當我們眼裏只有眼前三呎的小恩小惠，生命就與所蒙的恩不相稱。要知道，那是耶穌基督以受苦受死來達成的救贖，是讓我們從世界的奴役中重獲自由的解放，是讓卑微如螻蟻的我們有機會成為天國一員的邀請。我們的生命，有多大程度被這樣的恩惠改變，對此有多大的實感，就會在生命的踐行中反映。

當上帝呼召我們成為天國子民，我們的身分從此不再一樣，看世界的視點也不同了 —— 我們不再着眼於生活中的好運氣，而是看見背後更大的恩典，會為到有份於天國的藍圖，為到身分的轉換，為到生命根基的轉變而感恩。從前沾不上邊的我們，今天在上帝的計劃中有份。從前世界對我們用完即棄，今天上帝邀請我們成為萬族萬民的祝福。從前我們被世界奴役，今天我們要與這個世界一同得到釋放。一旦離開這個感恩的起點，我們所講的感恩都會失去立足地，漸漸脫離原來的語境，至終變得言不及義，不知所云。

當我所處的身位不同了，眼睛明亮了，開始看得見這個世界有一套更根本的價值，可以讓人不計算個人的利害得失，不追求立於萬人之上的權力，不求今生的榮華富貴，只求世界更感受到慈憐愛顧，更經歷彼此的信任扶持，對未來更能心懷盼望，期待黑暗過後的晨曦，等候天國降臨。

身分轉換帶來視點改變，繼而催生出不同的行動和日常實踐。有耶穌成為我們的先行者，有聖靈的感動成為上主同在的扶持和鼓勵，我們得以掙脫世俗的奴役，看得見地上權力不是絕對。從此以天國的良善為我們的依歸，以上帝為我們的靠山。

所以，當有人看見貧窮人吃不飽穿不暖，四出籌措，不單身體力行，更鼓勵有餘的人捐出資源，讓貧窮人得到日常所需，讓人的善心流動，為此我們感恩。

當有人含冤受屈，百辭莫辯，但仍有人挺身而出，站在被問罪者身旁，聆聽當中的苦情，促進人與人之間持平公正的對話，不讓強權說了算，我們為當中的勇敢與善良而感恩。

當疫情之下人人自保，把社會的物資喪買盡買，有些人卻記掛不方便外出採購的人，或是獨居染疫的，或是行動不便的，把愛心付諸行動，為人奔波，成為傳送祝福的天使，我們為到塵世間有這樣的異類而感恩。

我們感恩，不是因為遭遇患難，而是在患難處境中，看見有人以良善抵抗患難，不為患難的存在強說合理，不認同權勢的任意妄為，不讓自己成為習慣了彎曲悖謬的順民。我們感恩，是因為可以在這樣的世道下，有機會站在上帝的一方，向毀壞生命的邪惡說不，以自身抵抗混沌，見證天國的真實。而最感恩的是，上帝看這些人為義人，是效忠於天國的子民，是有君尊的、上帝的祭司。

有一天，當上帝的國度降臨，那些遵行祂旨意的人，就是那些照顧老弱孤寡、為受屈者伸冤的人，他們也許在塵世的現實中被冷嘲熱諷，但終要在上帝凱旋的行列中，慶祝新天新地的開展。

練習感恩，也是練習信心

到那日，當天國降臨的時候，我們感恩自己沒有被世界的現實蒙騙，沒有被那惡者說服，感恩上帝透過耶穌基督展現另一個真實，感恩聖靈在我們懷疑沮喪時呼喚我們為我們打氣，感恩我們愈是追隨上帝就愈看見同路人原來不遠，感恩在天國的義路上有許多前輩走在前頭鼓勵我們一同奔往。

我們今天感恩，是懷着信心看着那天而說的。

練習感恩，原是練習信心。在大山一般的高壓面前，我們練習相信上帝的公義憐憫不容扭曲。在節節敗退的戰線面前，我們練習相信落敗的只是個別處境，最終得勝全局的仍然是創天造地的上主。在逝去的生命面前，我們練習相信上帝復活的大能，有一天要與首先復生的耶穌一起在天國重聚。在難免軟弱的信心面前，我們練習呼喊「我信，但我信不足，求主幫助」，然後讓我們體會耶穌如何使信心創始成終，使我們的感恩不是出於勉強，不是為了偽裝屬靈的表演，不是無心裝載的口頭禪。

願我們不會因為「感恩」的惡名而放棄感恩。願我們每一次練習感恩，信心就多添一分，辨識的敏銳就多升一級，天國降臨的景象就愈發清晰，直到我們如同身處其境，感受到凱旋大道上的普天頌讚。

1-3 踏上這無盡旅途

21 到嗰時，兄弟會送兄
弟去死，老竇會送仔女
去死；仔女又會六親
不認，批鬥老竇老母逼
死佢哋；22 啲人一知道
你係跟我耶穌嘅，就對
住你黑口黑面藐嘴藐
舌，個個都想你去死。
忍住呀兄弟，邊個忍到
尾邊個就贏。23 當有人
喺呢個城逼害你哋，你
哋就去第二個城囉，唔

使內疚嗝。我老實同你
哋講，啲城你哋未去過
晒，我都已經返蒞啦。
24 正所謂學生高唔過先
生，奴隸高唔過主人，
25 學生做到同先生一
樣，奴隸做到同主人一
樣，仲想點呀？唔使再
勁㗎喇。連一家之主都
畀人抹黑批鬥，佢啲屋
企人又點會無事呢？

〈馬太福音〉10 章 21 至 25 節

和合本經文

21「弟兄要把弟兄，父親要把兒子，送到死地；兒女要與父母
爲敵，害死他們；22 並且你們要爲我的名被衆人恨惡。惟有忍
耐到底的必然得救。23 有人在這城裏逼迫你們，就逃到那城裏
去。我實在告訴你們，以色列的城邑，你們還沒有走遍，人子
就到了。24 學生不能高過先生；僕人不能高過主人。25 學生
和先生一樣，僕人和主人一樣，也就罷了。人既罵家主是別西
卜（別西卜：是鬼王的名），何況他的家人呢？」

〈馬太福音〉10 章 21 至 25 節

殖民管治時代，英國作為香港的宗主國，對宗教比較寬容，教會亦配合管治者的民生政策，在醫療、教育、社福等領域多有參與。也許如此，市民大眾即使沒有宗教信仰，對教會這些善行，一一看在眼內，讓教會建立起相當名聲。信耶穌做基督徒，不單沒什麼損失，更能提升社會地位、公眾形象，也能建立人脈，甚至為子女升學鋪路，從香港人一貫精打細算的角度看，這是一盤穩賺的身分投資。

也所以，我們很難想像，在一些不歡迎基督徒的國家或地區，公開表明自己是信耶穌的基督徒，具體來說會帶來怎樣的危險或不便。

過去，我們稱這些地方為「福音受限制國家」（Restricted access countries），後來也許這些形容太過負面，也限制了想像，宣教學開始以「創啟地區」（Creative access nations）改稱。背後的意思是說，在這些地方宣教，要多動腦筋發揮創意，要拿捏當地權勢的容忍程度，要在狹縫中尋找機會，要像溪水般流動變通，也要有水滴石穿的耐性。

這些智慧，與耶穌身處的時代，與初代教會的處境，實在十分呼應。

權力不是世界唯一的真理

每次讀到初期教會的事蹟，我都特別感恩，總想起〈使徒信經〉的一句：「我信聖徒相通。」這句話經常提醒我，時代即使很壞很壞，我們也不孤單，因為歷世歷代都有許多跟隨基督的先賢，選擇踏上與世界不同的道路。

而那與我們一起面對時代之困的，是同一位上帝。

在羅馬帝國的盛世，凱撒的統治，被吹捧成拯救萬民的福音，是平定戰亂的救主；但與此同時，羅馬的和平卻是以高壓手段為代價換取得來的，順我者昌，逆我者亡，政治軍事的權勢壓倒一切，哪管貧富懸殊有多嚴重，哪管低下階層如何負重度日，哪管被打壓的族羣有多不滿。

長時間在強權下受壓，人民被日復一日的壓力馴化，習染了一股無以名狀的無力感，做什麼也像沒用，看不見前面有其他可能。誰大誰惡誰正確，羅馬帝國權傾天下的實力，這時成為世界唯一的現實。

當世界只剩下順從權勢一途，善惡、是非、黑白也就失去了客觀評斷的基礎，惟權勢的馬首是瞻。在這樣的現實面前，即使提到天國，談到上帝，對大部分人來說，也只是族長們代代相傳的傳說，是民族昔日的光輝偉業。宗教政治領袖會利用這些故事來維繫人心，營造民族向心力，或以聖殿來維持社會穩定，或以革命來推動抗爭熱情，這些傳統故事都有一定果效，但也僅此而已。

這種故事，我們不難想像，畢竟這是社會的主流價值，沒有多少人願意違反，自行走向主流的另一方。但是，世界總是有些瘋狂的人，叫我們看見了主流以外，還有其他可能。他們堅持相信這世上另有和平的國度，相信那在羅馬刑具上被處死的耶穌是這個國度的君王，這個木匠的兒子是整個民族引頸以待的受膏者彌賽亞。他們堅信上帝會看顧祂的子民，相信祂藉着耶穌所展現的真實，比羅馬帝國的現實更真；相信至終承受地土的，是那些溫柔的人，而非軍事強人；而耶穌基督的福音，則成了所有相信祂的國和祂的義的人一個局外的支點，幫助他們掙脫帝國和族羣權力的緊箍咒。

這班瘋狂的人，被稱為基督徒。他們對信仰的熱切，不單吸引了許多在帝國管治下叫苦連天的民眾，就連那個質疑基督徒背棄祖宗信仰、熱心逼迫他們的保羅，也甘冒被昔日戰友視為叛徒的險，轉往跟隨耶穌基督的道路。

用今日的說法，他們的行為真是「大癲」。而大癲的人，往往都曾遭遇一些大癲的經歷。

就如那後來成為使徒一員的保羅。他在前往大馬士革追捕基督徒的路上，親身與耶穌相遇，見證人如何在回轉中得赦免，上主是如何不計前嫌地邀請逼迫祂的人進入天國的筵席。這經驗猛力地改變了保羅往後的人生。

在保羅心目中，上帝與以色列人的約定，已透過耶穌基督的生、死和復活，顯明祂的信實，說明上帝沒有放棄與亞伯拉罕所立的約。藉着亞伯拉罕的後裔祝福萬國萬族的心意，不因以色列的悖逆而改變，即使他們連國家也沒有了，即使他們仰賴宗主國的鼻息，即使他們的領袖極盡獻媚之能事，即使他們把聖殿變成了賊窩，即使他們看重律法規章過於對人的憐憫……只要他們回轉，離棄他們的惡行，行事為人與所蒙的恩相稱，天國的大門仍然會為他們打開，這是上主藉耶穌基督宣召的赦免之恩。

在權勢以外，相信有另一種價值

看着羅馬帝國的制度和文化，把人分高低排等級，保羅以天國的視野，宣告無論是猶太人或是希臘人，為奴的還是自主的，或男或女，雖然社會把他們分了尊卑，但在基督裏他們都被平等對待，不用再被世界權力玩弄於股掌，為爭上位而搔首弄姿，為爭甜頭而伸出獻媚的舌頭。他們既被接納在耶穌基督的筵席，就成了亞伯拉罕的後裔，一同在祝福萬族萬邦的基業上有份。

保羅貫徹耶穌基督的心意，打破了猶太領袖、羅馬君王所設定的社會秩序，宣告人在基督裏成了新人，社羣關係在新的創造中被更新。位處旁枝毫末的小人物被重視被接納，人與人在資源上、才幹上互補不足，不用再為生存而你爭我奪，呼應先知所描繪的新天新地景象。

然而，把人從世界的奴役中解放，權勢就失去操控人的手段，多年來爭取得來的地位失去優勢，既得利益受損，權勢又怎會輕易放過？萬一惹怒龍顏，我那暫借得來的平安又豈能倖免？是以當保羅一路走向馬其頓一帶，宣講羅馬帝國以外有另一個更真實的和平國度，首當其衝的，就是要面對世界的威嚇。

按〈使徒行傳〉的記載，保羅和同伴西拉前往馬其頓的行程，第一個去到的城是腓立比。腓立比是羅馬的駐防城，短短幾日，保羅就因為給一個幫主人做占卜賺錢的女奴驅魔趕鬼，使她脫離邪惡的轄制而被上綱上線，被上告至羅馬官長，指他區區一個猶太人，跑來騷擾我城，違反羅馬法規（其實是那主人的利益受損而已），於是他們被亂棍毆打，繼而被關押入獄。直至後來，官長聽見保羅和西拉都是羅馬公民，要求有公平審訊，因不知他們的底細，害怕自己得罪了什麼人，連忙送走這些帶來麻煩的瘟神。

被人打完，被人關押完，保羅是要打道回府嗎？沒有，他們不單沒有退縮，更繼續前進，去到帖撒羅尼迦，面對更大更直接的威嚇。

帖撒羅尼迦位於愛琴海西北部、馬其頓臨海地段，鄰近馬其頓灣，是海路和陸路經商的重要城市。公元前 146 年，羅馬帝國攻佔馬其頓，帖撒羅尼迦升格成為馬其頓省首府。

公元前 42 年，第二次腓立比戰役，安東尼和屋大維聯手擊敗了布魯圖斯和卡修斯，而帖撒羅尼迦看見形勢不妙，從原先支持後者改為效忠前者，避過了屠城的災厄，對安東尼更是奉承有加，由此獲授「自由城市」的地位，不單享有自選地方長官的自治權，還擁有減免稅項、自行鑄造地方錢幣和皇室錢幣等權利。

之後在屋大維和安東尼的內戰中，原先竭力向安東尼獻媚的帖撒羅尼迦再次看風使舵，與後來被稱為凱撒奧古士都的屋大維站在同一陣線，加倍獻媚，甚至奉凱撒為神明，比羅馬更狂熱，一方面意圖自保，另一方面亦期望藉此得到更大的政經回報。

困難的時候，真誠的見證

向政權獻媚，是這座城市的生存之道，是累積了百年經驗的智慧。按一些估計，保羅和西拉去到帖撒羅尼迦時，大概是公元50年，而前一年，凱撒革老丟才把居住在羅馬的猶太人驅逐出城。在維穩的大前提下，身處帖撒羅尼迦的猶太人自然非常緊張。尤其當保羅在帖撒羅尼迦的猶太人會堂，連續三個安息日熱切地與當地人辯論聖經、分享信仰，論說耶穌就是猶太人一直翹首以盼的基督，即拯救以色列的受膏者彌賽亞，不少人都加入了保羅的行列，甚至連一向信奉其他神明的希臘人、尊貴的婦女領袖都信了耶穌。

由於彌賽亞（即希臘語的基督）不純粹是一個名號，而是代表領受上帝任命、將要擔負重任的人，在猶太人的語境中，意思如同君王，所以當帖撒羅尼迦的猶太人眼見保羅的影響愈來愈大，怕保羅「說另有一個王耶穌」挑起紛爭，動搖他們的地位(甚至利益)，於是勾結當地流氓無賴，直闖接待保羅和西拉的耶孫家中，要耶孫交人。

也許一早收到風聲，暴徒在耶孫的家抓不到保羅等人，就把耶孫和幾個信徒拉到地方長官那裏，指控他們窩藏危害帝國安全的人物，宣揚在凱撒以外另有君王，違反凱撒諭令，最終耶孫等人被罰繳交保釋金後方能離開。〈使徒行傳〉沒有說明政府和耶孫等人所簽署的保狀內容是什麼，大概是如果再有類似事件發生會重罰，不是交保釋金就能了事解決。

這天晚上，保羅和西拉星夜逃亡，走到附近另一個城鎮庇哩亞，又是去到會堂，又是分享信仰，又有尊貴的婦女相信福音。帖撒羅尼迦的暴徒聞風即至，繼續窮追猛打，於是保羅繼續逃亡，前往雅典，西拉留在庇哩亞殿後，同行的提摩太則留在帖撒羅尼迦支援當地信徒。

當天國的願景被認真看待，地上奴役人的權勢就會被確切地搖撼，對於傳揚天國福音的人，逆境自是難免。

也許反過來說，若基督徒所宣講的天國，對奴隸主不單不痛不癢，甚至使奴役人的社會結構更加固若金湯，使人在各種分化中彼此敵視，我們大概要深切反思，到底我們口中的天國，距離保羅所看見的羣體願景有多遠？如果耶穌是站在所有貧窮人、被擄者、瞎眼者、受壓制者旁邊的那一位，我們與耶穌的距離有多遠？距離天國有多遠？我們是否真的在基督裏？

信耶穌的人很重視傳福音，但我們真的在傳福音？這是什麼福音？這是誰的福音？對誰有好處的福音？我們到底是強化了那些利用世俗恩惠對人進行奴役的權勢，抑或傳揚那使人脫離地上權勢奴役的恩典？

歷史的戲碼，在不同的文化、不同的時空、不同的環境中，不斷地重複上演；而聖徒相通，則成為讓我們感恩的安慰。因為在各種艱難苦困中，我們知道，行走天路的人，有基督耶穌連結着，有像保羅這樣的聖徒鼓勵着，我們沒有站錯邊，我們也不孤單。

跟隨基督的路，不會是平坦的路，正因如此，當有人仔細思考後，明知這樣會被世界排擠，被迫花果飄零，被迫居無定所，卻仍願意以天國為家，努力不懈揭露世界的真象，引領人突破罪惡世界的枷鎖，邁開大步，踏上永恆無盡的旅途，這就是見證。

1-4 在黑暗中尋找光明

1-2 感謝主！眞心㗎，
絕對唔係隨口噏！
我成個人眞係無一窟
唔多謝主！佢幫過我
嘅地方，我通通都記
得。3 我得罪過佢，
佢竟然仲肯原諒我；
我有病嗰陣，佢仲醫
番好我。4 當我喺地獄

門口幾乎死，佢唔單
止搏晒老命救番我，
之後仲對我好好，
5 畀好多好嘢過我，
我開心到好似變番細
路仔收到禮物噉。
6 邊個畀人蝦到上心
口，佢就出蓝主持公
道。7 從摩西開始，

佢就同以色列人講佢
做事有規有矩。8 但
佢亦都好明白你，好
就住你，唔係咁易
嬲，係人都知佢幾錫
你。9 就算你以前犯
過事，佢都唔會日日
啄實你，10 唔會日日
翻舊賬。11 個天有幾

高，佢對你嘅愛就有
幾大！12 東離西有幾
遠，佢就將你得罪佢
嘅嘢掉到有幾遠！
13 老竇識得錫仔女，
上帝一樣咁錫。14 因
爲佢知道我哋係咩嘢
料，就好似對住病牀
上嘅仔仔女女。

〈詩篇〉103 篇 1 至 14 節

和合本經文

1-2（大衛的詩。）我的心哪，你要稱頌耶和華！凡在我裏面的，也
要稱頌祂的聖名！我的心哪，你要稱頌耶和華！不可忘記祂的
一切恩惠！

3　祂赦免你的一切罪孽，醫治你的一切疾病。

4　祂救贖你的命脫離死亡，以仁愛和慈悲爲你的冠冕。

5　祂用美物使你所願的得以知足，以致你如鷹返老還童。

6　耶和華施行公義，爲一切受屈的人伸冤。

7　祂使摩西知道祂的法則，叫以色列人曉得祂的作爲。

8　耶和華有憐憫，有恩典，不輕易發怒，且有豐盛的慈愛。

9　祂不長久責備，也不永遠懷怒。

10　祂沒有按我們的罪過待我們，也沒有照我們的罪孽報應我們。

11　天離地何等的高，祂的慈愛向敬畏祂的人也是何等的大！

12　東離西有多遠，祂叫我們的過犯離我們也有多遠！

13　父親怎樣憐恤他的兒女，耶和華也怎樣憐恤敬畏祂的人！

14　因爲祂知道我們的本體，思念我們不過是塵土。

〈詩篇〉103 篇 1 至 14 節

當代朦朧詩派詩人顧城有一首短詩〈一代人〉，短短的兩句，鼓勵了不少被絕望圍困的人，學習以另一種眼光看待眼前的幽暗：「黑夜給了我黑色的眼睛／我卻用它尋找光明」。

黑夜雖然代表着許多孤寂、疏離、困頓、痛苦，然而，詩人看見殘酷現實之中，吊詭地包含着命運的饋贈。

月明則星稀，愈是幽暗的晚上，我們才更發現那一直存在卻總被遺忘的光明，看見羣星一起發光直到天曉。在困難中，每一個幫助都來得特別深刻，雪中的炭、炎夏中的涼水、飢腸聲中的熱湯麵包、惡人棍棒下的捨身抵擋，都使人心頭一暖。甚至

乎，因為逆境，因為艱苦，我們磨練出堅毅不屈的韌力，培養出克勝困難的鬥志。

我們因此就要多謝困難、感謝黑夜，讚美上天賜我逆境嗎？難道我們要歌頌黑暗，讚美惡人肆虐，在傷口上撒鹽，愈痛愈叫痛快？難道我們在其中發現好處，邪惡就不再邪惡，壞事就不再傷人了嗎？

不會吧，那是本末倒置了吧？

難怪很多人一聽到基督徒說感恩，白眼可以向後連翻三轉。

練習感恩，尋找黑暗中的光明

如果黑暗中沒有人性的光輝，沒有美善的扶助，沒有心境的逆轉，那有什麼值得歌頌？有什麼值得感謝？實在要弄清楚感恩的邏輯。

我們感恩，是在於環境明明要把人推向絕望，我們卻經歷到對抗絕望的支持點，把我們從只帶來毀滅的絕路中釋放，看見那終點不是唯一的未來，有另一個未來等待着我們，一個包含着活路的未來。我們感恩，是感謝有另一個現實的存在。

感謝患病？感謝傷害過你的人？感謝苦難？感謝黑暗？ No way 啦。

雖然，因着患病，我們會更看得見那本來不太察覺的關懷愛顧，對生老病死有更多反思，但我們不會感謝患病。我們只會為那些在病榻中送上的窩心暖意而感恩，只會為領悟到那些能幫助我們跳出困境的人生洞見而感恩。

對於那些曾帶來傷害的人，就算我們最終從這些經歷中學到寶貴的人生教訓，那些傷害仍然是傷害。當中若有惡念，並不會因為我們在過程中有所得着而變成善念。我們只會為沒有被傷害打擊到永不翻身而感恩，為自己對傷害人這回事變得敏銳、沒有放任惡念在關係網中流竄蔓延而感恩，為沒有被仇恨佔據一生而感恩，甚至為自己學懂體諒對方的限制而感恩。

練習感恩，就像發動尋找恩典善念的雷達，是在黑夜中尋找光明，是在伸手不見五指的漆黑中，發現那被黑暗掩藏的救生包，發現曠野中的水源，發現轉角處的援手，發現迷霧中的出口。如果不相信世上有光明，沒有經歷過與黑暗不同的異質，這種尋覓只是癡人說夢。只是一旦我們經歷過，就不再相信那看似君臨天下的黑暗是世界的終極，那奴役眾生的主流價值是我們的唯一。

我們感恩，因為世界不只一個參照點

近十年八年，年輕人輕生的事，時有所聞。在高競爭、高壓力的社會，當張力越過臨界點，生命的弦線就會瞬間拉斷。當中最諷刺的是，那擠壓人生存空間的力量，竟是為了讓人更有能力生存下去而產生。

有一次，在一個樂器考評的試場外，傳來一把很嚴厲的聲音。一個男人激動得旁若無人，說話重複又重複，不斷指斥女兒在考試中表現不佳。女兒一臉慚愧，低下頭，沒能回上一句說話。那當然，對於一個看似剛升上小學的小女孩來說，在烈怒的父親面前，哪有什麼力量回話？

「你表現得咁差，你仲算係我個女咩？」這句刺耳的說話，聽得我心中淌血淌淚。

我不知道這個爸爸心中的執念來自何方，但這執念很大機會在小女孩的心中，留下難以磨滅的傷口，成為纏繞一生的鬱結，甚至一代傳一代的噩夢。

若以世界的標準，起跑線比一切都更重要，女兒的表現不如預期，是叫人失望的。但是，我們看待一個人的價值，是不是只從她的成就成績就能決定？她的爸爸有沒有想過，即或小女孩捱得過這樣子的高壓，在弱肉強食的社會生存下來，成為他心目中應有的樣子，但長久下去，父女間的裂痕，也許使他們終身背離，父親最終仍是失去這個女兒。

有些家庭，因為孩子天生的缺陷，需要經常往返醫院接受治療。這些孩子的父母，有些終日埋怨，也有些接受現實，接受孩子無法參與這場世界的競爭。而神奇的是，當他們脫離了這場比賽，生機往往就奇蹟地出現。他們看見生命可以不像這世界所要求的那樣，尊嚴不是靠打倒對手來爭取，生命有本身的美麗。

當現實世界是我們的一切，我們就只能走這世界預設的道路。但這世界之外，有願意捨身的上帝，有為受屈的人伸冤的天國，讓我們有了一個局外的參考點，知道世界的黑暗不是絕對，黑夜的盡頭就是晨光破曉；殘酷的競爭不是上帝的心意，萬族萬物和平共生才是天國的完全。

教會的存在，信仰羣體的存在，本來就是為了踐行這樣的天國價值——這個託付，我們今天有沒有失落？

黑暗的權勢，是那惡者的利劍，割斷生命本該享有的歡愉，遮閉光明帶來的盼望。這樣的東西，是對生命的威嚇，是地上權柄用來鞏固自己勢力的工具。一切傷害生命尊嚴的主張，都是惡行，都為創造生命的上主所憎惡。我們感恩，是要發現上帝對抗黑暗時所留下的痕跡。

感恩的恩，是出於上帝的行動，讓我們可以倚靠良善的上帝，相信祂才是最終的裁決者，由此指出地上權勢並沒有最終的話事權，我們不用賣帳給這個混帳的世界，使我們從這些權勢的捆綁中得到釋放，真誠地回應與生俱來的良善與良知。

沒有上帝的恩，沒有上帝給我們另一個可能，沒有天國這個永恆的參照點，我們就只能根據世俗的標準行事，感凱撒的恩，感地上權勢的恩。

凡事謝恩，就是要在一切的事情上，尋見上主劃破黑暗、施恩拯救的膀臂。

1-5 在試探中，恩典留痕

1 耶穌離開咗約旦河，
成個人都畀聖靈塡滿。
之後聖靈帶佢去到荒
野，2 受到魔鬼試探
四十日。呢段日子，耶
穌無食過嘢。佢餓到扁
晒嘅時候，3 魔鬼就同
佢講：「你如果係上帝
個仔，不妨命令啲石頭
變成麵包吖。」4 但耶
穌答佢：「《聖經》有

講，人嘅生命唔係淨係靠食物嘅，無上帝就乜都係假。」[5] 之後魔鬼帶耶穌去咗個高啲嘅地方，望住成個世界，
6-7 然後同佢講：「呢啲嘢全部都係我嘅，你跟我，做我手下，我就畀晒你。」[8] 耶穌不為所動，噉樣答佢：「《聖經》都有講，只有上帝

先值得我哋事奉佢，你慳啲啦。」[9] 最後魔鬼帶住耶穌，去到耶路撒冷聖殿頂最尖尖嗰度，同佢講：「你如果係上帝個仔，試下跳落去囉。
10-11 成日同我講經，你本《聖經》咪有句上帝會叫天使保護你嘅？你唔信呀？」[12] 耶穌反窒番佢：「但《聖經》亦都

話，唔可以試探你嘅上
帝！你唔識解就唔好亂
講。」13 魔鬼見搞佢唔
掂，就走先，諗住搵第
二個機會下次再蒞過。

14 耶穌帶住聖靈嘅能
力，返到加利利，街頭
巷尾都有人講緊佢。15 佢
開始去到會堂講經，大
家都讚佢講得好。

〈路加福音〉4 章 1 至 15 節

和合本經文

1 耶穌被聖靈充滿，從約旦河回來，聖靈將祂引到曠野，
2 四十天受魔鬼的試探。那些日子沒有吃什麼；日子滿了，祂
就餓了。3 魔鬼對祂說：「你若是上帝的兒子，可以吩咐這塊
石頭變成食物。」4 耶穌回答說：「經上記着說：『人活着不是
單靠食物，乃是靠上帝口裏所出的一切話。』」5 魔鬼又領祂上
了高山，霎時間把天下的萬國都指給祂看，6 對祂說：「這一
切權柄、榮華，我都要給你，因爲這原是交付我的，我願意給
誰就給誰。7 你若在我面前下拜，這都要歸你。」8 耶穌說：「經
上記着說：當拜主—你的上帝，單要事奉祂。」9 魔鬼又領祂
到耶路撒冷去，叫祂站在殿頂上，對祂說：「你若是上帝的兒
子，可以從這裏跳下去；10 因爲經上記着說：主要爲你吩咐
祂的使者保護你；11 他們要用手托着你，免得你的腳碰在石
頭上。」12 耶穌對他說：「經上說：『不可試探主—你的上帝。』」
13 魔鬼用完了各樣的試探，就暫時離開耶穌。

14 耶穌滿有聖靈的能力，回到加利利；祂的名聲就傳遍了四方。
15 祂在各會堂裏教訓人，衆人都稱讚祂。

〈路加福音〉4 章 1 至 15 節

大學畢業後，從第一份工起，我就從事媒體工作。

一開始不是為了什麼崇高使命，只是想做媒體，但又沒有門路。教會同工知道我在畢業旅行後，還沒找到工作，看見某本教會雜誌中，夾着招聘助理編輯的單張，想起我在教會曾負責出版通訊，就叫我試試。

當時工作的薪水，只及一般大學畢業生的一半。那時積蓄早已見底，每天在家白吃白喝，心裏有種對不起父母的感覺，知道

獲聘也不再多想，先做做看再說。感恩的是，起點雖然有點現實，但上帝一再讓我看見可以投身的方向，也沒有讓我挨餓，沒有讓我入不敷支，在不同機構、不同崗位，輾轉工作了幾十年。

很感激當年有機會進入媒體行業，更感激有機會在機構事奉，讓我更近距離觀察工作與信仰之間的拉扯。

每一個踏上天國旅程的人，每天都難免遭受試探，叫我們放下那被託付的使命。雖然一說到試探，基督徒總是聯想到與性有關，但試探之為試探，從來總是冷不防地出現，不會給你充裕時間準備，總在你意想不到之處出手。這一項沒問題，下一項就出事，給你一記又一記的措手不及。

也不知算不算是「幸好」，對於試探，耶穌有最貼身的經歷；而正因為祂也曾經歷過，我們知道，祂會明白。

生活所需，不比意義重要

按福音書的描述，耶穌在與聖父聖靈深深的密契中受洗，揭開了耶穌在世使命的序幕。沒想到筆鋒一轉，畫面一下子由聖光普照，逆轉至渺無人煙的曠野；從光明窩心的肯定，急墮進幽暗躁動的懷疑。

面對試探，我們總以為自己是孤單一人，以為上帝不在場。然而，福音書告訴我們，聖靈沒有缺席，就像耶穌進入曠野，受魔鬼試探，聖靈一直都在。這不是說有聖靈就一切好辦，什麼也能一擊即破；聖靈的呼喚之所以被稱為微聲，大概是因為我們實在很容易被眼前的焦慮、恐懼、孤獨、寂寞、慾望、忐忑所遮擋，看不見周遭，看不見上主，未見終點，也未見恩典。

從上帝那裏確認身分、領受任命之後，耶穌要面對的，是放下使命的試探。經過難熬的四十晝夜，魔鬼向飢腸轆轆的耶穌建議把石頭變成食物，不單可以充飢，更可證明自己是上帝的兒子。

食物代表維持生命的基本，透過工作來餬口，是基本中的基本。當薪金微薄的時候，一千幾百也很重要。在我初職時，有段日子機構因為流動資金不足，沒法及時出糧。當時我雖與家人同住，但微薄的薪金根本無法儲下積蓄，出身草根的我不想增加家裏的負擔，只能少吃一點，繼續穿大學時的汗衣，減少支出，儘量捱至下一個發糧日。

但是，也許太過擔憂，精神不夠集中。有一次，我在自動櫃員機提款後，沒有取款就走，然後也沒有然後了。我的心情有如墮進無底黑洞，不斷自責，過了良久，才接受現實。那次經歷，提醒我下次提款要專心之餘，但更重要的是，我看見一個人的情緒，可以怎樣把人的理智奪去，讓人無法冷靜專注處理事情，在困難之時，更容易陷入泥濘之中。

當耶穌說人活着不是單靠食物，不是說有上帝就不用吃飯，而是指向一個很具體的處境——當魔鬼以你最基本的生活所需動搖你的身分和使命時，請不要忘記，人生在世，有比純粹生存更大的意義。

意義當然不能當飯吃，但為了吃飯而出賣意義，我也接受不了。為了平衡兩者，我誤打誤撞地，習慣了生活簡樸，學習省吃儉用，雖算不上富裕，卻也漸漸擺脫物質生活的纏累，多有多吃，少有少吃，學懂怎樣處豐富，學懂怎樣處卑賤。

這種自由，如果不是在這樣的環境，要怎樣才會學得來？每次回想，我都感謝有這樣的經歷。

不讓名聲與權勢成為負累

肉身的誘惑，生物層面只是第一步，社羣中的位置更是要命。

耶穌面對的第二個試探是關於權柄與榮華。權柄和榮華的吸引，在於行使權力的暢快，在於萬人簇擁的滿足。在金錢掛帥的世俗社會，權柄和榮華來自財富的累積；但在教會圈子，權柄和榮華卻是微妙地與名聲掛鉤。

從沒沒無聞到為人所識，是一個人受到羣體肯定的證明。在華人教會的文化中，名聲的累積往往反過來被視為成功的階梯，成為事奉者的社會資本，以屬靈的事來論資排輩。本來名聲只是一個人的才幹被肯定的結果，但當名聲不再只是結果，而成為事奉的目標和焦點，甚至成為攫取權柄榮華的手段，名聲就在這一瞬間由踐行信仰的助力變成負累。

當我們考慮名聲多於天國，開始為了在上者的顏面而盡說好話，以為主做大事來合理化各種阿諛奉承。當這些考慮開始主導我們的行事為人，即使我們以為這是為教會好，我們生命的主權其實早已被移交——從天國之主交到世俗之主手中。

名聲的追求，很多時是為了自我價值的確認。從人而來的讚賞和榮耀，是那麼的實在；要做到人不知而不慍，忠於所託甘於寂寞，除非我們從上帝那裏得到終極的認同，否則很容易就為了掌聲而把上帝的使命賣掉，換取那所謂「自己應得的」。

人的心思，其他人很難判斷。到底是真心還是假意，到底我們心底深處是奉誰為主，只有我們在上帝面前真誠自問才能知曉。耶穌說，值得我們敬拜和事奉的上帝只有一個，這句話不斷在我內心敲響着。誰是我行事為人的主？我是否真的相信天國的價值？我重視人言還是神言？也許我們表現出來是「單要事奉祂」，心裏卻一再盤算「我全部都要」（Why not both）。

名聲的建立，很吊詭，尤其在教會圈子。就連謙卑、神貧這種放下自己的操練，都可以用來建立名聲，正好說明了虛偽、假冒為善為何如此常見。沉浸在這樣的文化，有時我們會連自己也騙了。感恩的是，我身邊不乏能給我提醒的諍友。

諍友的基礎是信任和愛。沒有愛，信任就無法產生；而沒有信任，我們就會偽裝，說話也聽不進耳。諍友的關係，不是說有就有，一開始就能發展得如此深入，不敢說沒有，很難就是了。這樣的友誼，必須在真誠的互動中慢慢尋覓，非常難得，也十分脆弱，實在要好好珍惜。

相信上帝的應許

也許飲食物慾或社經地位都太過屬世，要防範總能有跡可尋，只要抓緊與上帝的契合，劃清屬靈屬世的界線，不就成了嗎？然而魔鬼給耶穌的第三個試探，正好指向這段人與上帝的關係的重新確認——上帝應承過你的東西，是真的嗎？要不要測試一下？

《聖經》所講的應許，是上帝對人信守承諾。正如我們日常經歷的人際關係，難免會有高低跌宕。當我們看不見全貌，對未來不太確定，關係就充滿疑慮。作為有限的存在，我們總是難以綜觀全局，懷疑也是難免的。然而，如果我們真的懷疑一切，可能就連扭開門柄，踏出門口也做不來——我們可能懷疑門柄的構造、鑰匙是否有用、出門後能否回到房間……諸如此類。這樣下去，漸漸就成了焦慮、恐慌，無法如常生活。

換言之，我們要好好生活，總要對世界有一定程度的信任，在信心與懷疑之間取一個平衡。那麼事奉呢？信心與懷疑之間，要怎樣拿捏？要相信什麼？要懷疑至哪條底線之前？

當我們懷疑上帝，我們會走在上帝前頭，代上帝去做我們以為上帝應做卻未做的事。

應許到底有效還是沒效，很在乎是誰對誰的應許。信任所以發生，是因為你知道，眼前的這一位，是創造天地萬物的主宰上帝，也是你的上帝。祂說的話，沒有不算數的。如果我們不相信這個世界最終掌權的是創天造地的上帝，信仰就是謊言，事奉也是枉然。如果我們不認得耶穌的聲音，我們就會用自己的聲音去代替。

上帝透過宇宙萬物展現自己，透過耶穌基督的受死和復活展現自己，透過聖靈的歎息展現自己，是要讓我們知道祂是誰，讓我們知道祂是可以信靠、值得信靠的；而信靠祂的人，最終會取回公道，必不至於羞愧。

從大學畢業到如今，已超過三十個年頭。這段追尋信仰的日子，有信心滿滿的時候，有懷疑哀歎的時刻，有順有逆，有喜有悲。感恩的是，學習跟隨基督，讓我有機會代入耶穌的視野，在肉身的拉扯中，體會當中的掙扎，在拆毀中重建，在重負中領略神恩的拯救。

正如人與人的關係，總是在患難中彼此進深；跟上帝的關係也是一樣。若沒有把工作與信仰都押上，大概我對上帝的認識也只會流於表面，那些流淚撒種必歡呼收割的描述，都是別人的故事。沒有流過淚，就沒有那種歡呼。沒有在那個位置經歷試探，就不會知道邪惡的狡猾，也不會知道上帝的可靠。

感謝上主，讓我如此經歷祂。

Part 2：發現恩典，尋找美善

2-1 在最壞時候懂得吃，捨得穿，不會亂

[4] 正所謂「人無事先可
以做到世界冠軍」，
唔死得就有希望。[5] 人
死咗，就乜都唔會再知
道，啲人亦都會慢慢忘
記佢。[6] 佢哋愛過嘅，恨
過嘅，日思夜想想要得
到嘅，都唔再關佢事。

[7] 所以呀，趁仲未死，
就開開心心食你嘅飯，

飲你嘅酒，呢啲都係上
帝畀你喺在生時享受到
嘅。8 唔好成日油頭垢
面污糟邋遢，輕輕打
扮一下，人都開心啲。
9 日光之下，好多嘢其
實都無乜意思，倒不如
同你所愛嘅伴侶多啲喺
埋一齊，多啲出去玩下
開心下。10 到你死咗，
你返工做嘢時嗰啲運籌

帷幄呀、博學多才呀、睇通睇透呀，無㗎喇，唔會再有機會畀你表現㗎喇，所以都係嗰句，趁有機會做就啤啤聲出盡力做好啲啦。

11 你要明白，呢個世界唔係你話點就點。跑得快嘅唔一定做冠軍，大隻嘅唔一定打得贏，叻

仔唔一定食得好，醒目
嘅唔一定賺好多，讀得
書多唔一定事事如意，
好多嘢，其實都係睇彩
數。12 正如啲魚都唔知
點解會忽然畀人圍，啲
雀仔無啦啦會踩陷阱，
啲大鑊嘢唔係下下都可
以畀你估到，其實，我
哋都係咁上下。

〈傳道書〉9 章 4 至 12 節

和合本經文

4 與一切活人相連的，那人還有指望，因爲活着的狗比死了的獅
子更強。5 活着的人知道必死；死了的人毫無所知，也不再得賞賜；
他們的名無人記念。6 他們的愛，他們的恨，他們的嫉妒，早都
消滅了。在日光之下所行的一切事上，他們永不再有分了。

7 你只管去歡歡喜喜吃你的飯，心中快樂喝你的酒，因爲上帝已
經悅納你的作爲。8 你的衣服當時常潔白，你頭上也不要缺少膏
油。9 在你一生虛空的年日，就是上帝賜你在日光之下虛空的年
日，當同你所愛的妻，快活渡日，因爲那是你生前在日光之下勞
碌的事上所得的分。10 凡你手所當做的事要盡力去做；因爲在你
所必去的陰間沒有工作，沒有謀算，沒有知識，也沒有智慧。

11 我又轉念：見日光之下，快跑的未必能贏；力戰的未必得勝；
智慧的未必得糧食；明哲的未必得資財；靈巧的未必得喜悅。所
臨到衆人的是在乎當時的機會。12 原來人也不知道自己的定期。
魚被惡網圈住，鳥被網羅捉住，禍患忽然臨到的時候，世人陷在
其中也是如此。

〈傳道書〉9 章 4 至 12 節

提到《聖經》裏的先知，很多人都有一個印象，就是他們常常罵人。然而，當你讀多一點就會發現，批判固然是有，安慰拯救的信息一點也不少。

面對偽裝虔誠但沒有悔罪回轉的宗教大龍鳳，或是餓殍處處卻仍紙醉金迷自私自利的，先知會厲聲斥責；但在國破家亡、人人哀聲絕望時，先知的語調就轉向安慰壓傷的蘆葦，鼓勵將殘的燈火。

環境不同，脈絡不同，對象不同，經歷不同，人的需要也會不同，一成不變不等於對信仰堅持；同一件事，放在不同的場景，帶來的效果也會有所分別。

例如小確幸。

尋找來自生活中真實而確切的感動

曾幾何時，小確幸被喻為新世代的價值觀。在時代的洪流中，什麼也掌握不了，能在種種幻變中尋找到一種穩妥，即使小如一根水草，心中也大得安慰。

不過，就像許多流行文化的生滅，一種價值一旦成為時尚，就會招來特立獨行的反撲。小確幸的熱潮，來得快，退得也快。

後來，一提起小確幸，很多人都嗤之以鼻，不屑一談，彷彿不來一場口誅筆伐，不能與自己的品味相稱，不能反映自己的識見和視野，彷彿一提歲月靜好，就變成不吃人間煙火，對人間苦難麻木的自私小人。

小確幸這個說法是從何而來的？按互聯網的資料，這詞來自日本作家村上春樹專欄上的標題，是他獨創的用語，用來描述生活中微小而確切的幸福。而他提到的小確幸，是能親自在百貨公司挑選喜歡的內褲，洗乾淨後逐一摺好，整整齊齊地放進抽屜裏去。這篇隨筆後來結集在《蘭格漢斯島的午後》中，十多年後出版中譯本，漸漸成為台灣宣傳文案中的常用語。

把親自挑選、洗滌乾淨的內褲摺疊妥當而感到確切的幸福，也許是有點偏鋒，甚至有離地中產的味道，一般人未必有相同的感受；不過在他另一本著作《尋找漩渦貓的方法》中，就提到一些讓人很有共鳴的小確幸經歷。

很多人都知道，村上春樹喜歡爵士樂。他早年日間經營的咖啡店，晚上會變身成酒吧，店內總能聽到爵士樂，後來他才轉職小說創作。1991 年，他應邀前往美國普林斯頓大學擔任訪問學者及駐校作家時，在一家舊唱片舖中，發現一張 Matt Dennis 的原版 *Plays and Sings* 唱片，因略嫌標價三、四十美元有點過高，與這張唱片擦肩而過。三年後，他在波士頓一家舊唱片舖再次見到這張唱片，標價不用三美元！那一刻，村上忍不住咧嘴而笑！

「Yes ！終於到手了！」村上心中大概這樣狂呼着。後來，他這樣寫道：「生活中為了發現『小確幸』（小而確實的幸福），或多或少是需要有自我約束那類玩意兒的。好比是劇烈運動後喝的冰鎮透了的啤酒——『唔——，是的，就是它！』如此讓一個人閉起眼睛禁不住自言自語的激動，不管怎麼說都如醍醐灌頂。沒有這種『小確幸』的人生，不過是乾巴巴的沙漠罷了，我以為。」

村上春樹心目中的小確幸，不是無止境的慾望消費，不是煞有介事的造作矯情，而是來自生活中真實而確切的感動，尤其是忍耐了很久、最終稍稍得到滿足的那一刻。感動不必來自驚天動地的大事，也可發生在日常生活中微小的事情。

有時我們太常說：「這些小事不值得那麼開心」，硬生生把感受壓回去，無視內心感情的實在。村上春樹提醒我們，這些話說多了，就連僅有的快樂也會被艱難的環境奪去。

在乾巴巴的沙漠，小確幸是一杯涼水，把我們從絕望深淵挽救回來。而這杯涼水，讓我們知道，自己仍然活着。

那麼，小確幸什麼時候會變成十惡不赦？大概就是當我們把自己的小確幸看得太重要，太過貪圖逸樂，只顧自己的事，漠視別人的眼淚，謊稱一切盡皆美好，掩面不看人間的苦難。

2009 年，這位會為到小確幸而歡呼的小說家獲頒耶路撒冷文學獎。當時，以色列政府正在空襲加沙（Gaza）地帶，從媒體影片所見，轟炸有可能使用了被禁用的戰爭武器白磷彈。這種炸彈會在空中炸開，散發出煙幕一般的白磷粉，一旦沾上皮膚，很難及時掃除，體溫和摩擦可令白磷燔火燃燒，帶來燒至入骨的嚴重燒傷。

不少日本民眾都呼籲村上春樹杯葛獎項，誰知平時不多公開發言的他，不單前往領獎，更在領獎演說中，以雞蛋與高牆作比喻：「這是我創作時永遠牢記在心的話語。我從未將這句話真正行諸文字或貼在牆壁，而是刻劃在我心靈深處的牆上。這句話是這樣的：『以卵擊石，在高大堅硬的牆和雞蛋之間，我永遠站在雞蛋那方。』無論高牆是多麼正確，雞蛋是多麼地錯誤，我永遠站在雞蛋這邊。」

村上春樹這說法，與其說是表態支持某一方的社會或軍事行動，不如說他是選擇進入每一個受苦個體的處境，站在他們的位置，體會制度和權勢的高牆所帶來的困苦和血淚。

雖然這句說話後來被無限演繹，每一個人都認定自己就是那備受壓迫的雞蛋，敵人都是邪惡的高牆，脫離了原來脈絡，但那選擇進入人間苦難的身影，直到今天，依然感動我們的心扉。

在困難以外，尚有幸福存留

小確幸與人間疾苦不必然互相排斥，或許更好的說法是，正正因為苦難的普遍，大地得贖的日子還遠，惡人仍然當道，公義無法伸張，大環境難以瞬間扭轉，哪怕是一丁點的甜，也使人知道，這個世界不是只有苦味。

哪怕是在用餐前先擺好杯盤，念誦一遍主禱文作謝飯祈禱，也使人知道自己不是只被飢餓擺弄的牲畜螻蟻。哪怕是一句合乎邏輯合乎人性的說話，也使人知道世間不是只有彎曲悖謬的謊言。哪怕只是一丁點的微光，也使人知道鋪天蓋地的黑暗不是世界的唯一。

一張柔軟的紙巾，一聲溫柔的問候，一張道歉的便條，一份表達願意和好的禮物，縱使看似微不足道，卻在殘酷的世界中，盛載着對關係的重視，對情誼的珍惜。

小確幸的小，有點像以利亞在崩山碎石、烈風地震、熊熊烈火之後，發現上帝的微聲。在各種搶奪注意力的風風火火之中，看見那不顯眼的美善，是在練習發現微小之美的能力。

這不是說美善只存在於小事之中，只是存在於大事中的美善，不用練習也能看見。事實上，上帝的美善，來去自如，有限的只是我們的視野，遲鈍的只是我們的心。

有時，人生經過反反覆覆的折騰，本來敏銳善感的心，可能早已被狠狠磨蝕，使我們失去感受世界的能力，甚至失去感受自己的能力。我們開始不知道自己內裏的真實，什麼使我們開心，什麼使我們失落。

真誠地看見自己，才知道自己確切的感受，這是小確幸的「確」。與自己的內心對話，留心當下的情緒起伏，我們會逐漸找回那個對世界有感的自己。沒有誠實面對自己，我們就學不懂什麼叫坦誠，也不會明白，從裹足畏縮到挺起胸膛，中間到底需要怎樣的勇氣。

時局艱難，對於追求幸福，我們不期然會有一種罪咎感，覺得這麼多人仍在受苦，我怎可以讓自己幸福快樂？

或許，只看重自己的幸福，問題不在於幸福而在於自私；只有一個人獨享的幸福，是一種甜蜜的獨裁。天國的幸福會顧念穹蒼之下一切受造之物，而這樣的幸福，必然包含公義的伸張，讓萬民都得到幸福。

我們不需要為着自己感受到快樂而內疚。如果我們否定自己內裏真實的感覺，就失去感受的能力。那麼，別人為了什麼而快樂，為了什麼而哀愁，我們也無從得知，也與我們無關。不要因為世界的惡而否定世界，這裏仍有上帝所安置的美好，不要壓抑內心對這些美好事物的感動，不要因為惡人仍然作惡而錯過享受生命的機會，不要任讓這些惡事得逞。

人人都可經歷到幸福，是追求公義遠象的基礎。生命的實在，埋藏着幸福的種子，即使多麼微小，都值得你我細細品嚐。

2-2 世界將我包圍

1 望住啲困難成座山
咁高，2 我眞係忍唔
住大嗌一句：邊個會
滋幫我？唔使驚！嗰
個連山都造得出嘅上
帝實會幫你～～～～
3 見你踎錯腳佢會扶
穩你；4 佢會睇住你
唔會瞌眼瞓！喂講眞
喎，保護以色列嗰個
上帝，係唔會好似阿

邊個噉瞌眼瞓㗎。
5 保護你嘅個，係上
帝；你右邊無遮無
掩，佢就幫你擋住晒
啲暗箭。6 朝早，太
陽傷唔到你；夜晚，
月亮害唔到你。7 上
帝要保護你，佢會睇
住你條命。8 你去到邊
佢都保護你，從一開
始，直到永永遠遠。

〈詩篇〉121 篇 1 至 8 節

和合本經文

1 （上行之詩。）我要向山舉目；我的幫助從何而來？
2 我的幫助從造天地的耶和華而來。
3 祂必不叫你的腳搖動；保護你的必不打盹！
4 保護以色列的，也不打盹也不睡覺。
5 保護你的是耶和華；耶和華在你右邊蔭庇你。
6 白日，太陽必不傷你；夜間，月亮必不害你。
7 耶和華要保護你，免受一切的災害；祂要保護你的性命。
8 你出你入，耶和華要保護你，從今時直到永遠。

〈詩篇〉121 篇 1 至 8 節

每當心情煩躁，走到河邊，走近岸邊，看看山，看看水，繃緊的心情很多時都能稍稍放鬆，就連歎息也乏力的疲累，也像找到一個可以安躺稍歇的角落。

有說，智者樂水，仁者樂山，當初孔子有這樣的觀察，不知是想起了誰？是看着山巒的連綿，想起人類歷史的變遷，相比起地貌的形成，生命只如流星的一瞬？看着叢林生境的豐盈，訴說着萬物的互動與共生？還是對着溪流，耳邊傳來流水的汩汩，注視着水流反射出來的明暗光影，傳遞着方生方滅的智慧？望着大海，潮汐的浪濤蘊藏席捲大地的力量，同時也像滋養萬物眾生的胎水，矛盾又整合地導引着生命的源頭？

大自然就像上帝所寫的一冊經卷，謙卑細讀，眼界和心思會被大大打開，給我們意想不到的體驗和信息。

在資訊時代，難以尋求片刻的寧靜

有一段日子，我遭遇到極大的困頓。過去，我會為自己編訂一頁歌單，在上班下班，或閒時散步途中，憑歌寄意，排解心中的愁煩和鬱結；這次卻毫不管用，一聽見歌詞就煩厭，愈聽愈鑽牛角尖。後來，我轉聽日文歌，希望借助半桶水日語水平的阻隔，減少對歌詞的解讀，可是歌聽多了，個別用詞的語音開始熟悉，再一次挖進內容的解讀，情緒又再波動。

我把心一橫，索性轉投古典音樂和爵士樂的世界，以為只聽旋律就能擺脫心中的煩擾。誰知，愈是高明的指揮家、演奏家，愈能夠透過無言的音符韻律，傳遞情感甚至意念和想法，心中愈想靜下來，音樂所盛載的信息愈是強烈澎湃。這是音樂家的本能，我絲毫沒有怪罪的意思。我只是想，我對音樂的認識太過皮毛，太過想當然，也對自己的需要太不了解，選錯了進入安靜的門徑。

就在山窮水盡之際，一個偶然，我在水流聲中感受到一種難以言喻的平靜。原來我在焦躁中四處尋覓的安歇之處，竟然近在眼前，只是之前不曉得，以為答案遠在天邊。

有了這線索，我再上 YouTube 搜尋，才發現這個世界有很多人都在大自然的樂聲中，經歷平靜安穩，理順紊亂思緒，重新腳踏實地。這些樂章，有的來自溪水緩緩的流動，有些來自大海波濤的拍岸，有些是下雨天的簷前滴水，有些是熱帶雨林中的鳥聲蟲鳴，有些是山頭的風聲颯颯。

後來，我更發現原來有一種名為白噪音（White noise）的聲音，可能來自機械的運轉，例如風扇、洗衣機，可能來自一些聲音似近還遠的場景，例如咖啡店的杯碟碰撞聲、飛機機艙傳來的引擎聲。有些人聽着這些環境聲音，才能睡得着或專心工作。

為什麼白噪音跟自然環境的聲音，不盡相同，卻同時成為一些尋求平靜的人的藥引？我在想，或者是因為，在這些聲音中，沒有人在傳遞有目的的意圖，也不用他人特別勞神去回應。

我們今天身處的世界，實在太過喧鬧。不論我們願意不願意，走在街上，放眼盡是各類資訊。

每天離家返工返學，撲面而至的，總有那些口號激昂卻不知所云的宣傳。公眾人物七情上面的演說，說不出邏輯何在，民調理據成疑，卻佔據了媒體平台的公共空間，混亂人的心思，在有意無意之間，令人對道理感到厭煩。

即使身處教會，許多意義不明的宗教術語，在信徒羣體之間流轉，人人講得頭頭是道，似明非明。矯情文宣又吸睛又吸引掌聲，為主受苦要大力宣傳，每滴眼淚都要閃耀發亮。有時也怪不得誰，因為不做到這樣的程度，已被資訊麻木的會眾，啥也聽不到看不見，然後嘲笑教會與市場脫節，怎不學學世界那一套。

這些資訊，不是純粹的資訊，而每每帶着不同的意圖，在你眼前出現，透過情感動員，甚至透過情緒勒索。或是想你支持某些社會議程，或是想你買買賣賣，或是想你拍手畀 Like 提升關注，或是想你動用你的人脈轉發宣傳。

這些此起彼落的喧聲，透過無形的壓力或推力，催迫我們回應各種期望，就像置身急流，不單舉步維艱，就連稍稍站穩，也要花盡氣力。長期生活在這些嘈音之中，我們的心就長出厚繭，分隔我們與世界。

或者如此，聆聽這一類沒有什麼人為目的的聲音，從繁囂嘈雜的包圍中逃脫，嘗試重新聽見自己的聲音，感受內裏的節奏，是我們這個時代的特殊需要。

當世界包圍我們，想起上帝的真實

在〈詩篇〉121 篇，詩人在前往山城耶路撒冷的路上，面對羣山的環繞，一開首就提問：「我要向山舉目；我的幫助從何而來？」然後詩人把我們的眼目，引導向羣山背後的天與地，引導向創天造地的上帝，要我們不忘，即使羣山高聳，再高也高不過天，再大也大不過地；即使天地再大，在這一切之上，還有一位造物上主。

世界的意圖包圍着我們，要我們臣服，要我們屈從，在世界的文化中成為同樣的人，為世界的權力服務，成為供養權力的神龕。

權力的聲音是響亮的，影響力也是實在的，建構出看似唯一的現實。雖然重重複複的白噪音，以機械的律動把我們催眠，讓我們能好好睡一覺已是不錯，然而這只是一刻的逃遁，一覺醒來，還是要面對現實世界的圍攻。

大自然的聲音，看似是無意義的物理運動，或是星體之間萬有引力的互動，生物之間的互惠共存。然而在信仰的視角下，這些「無意義」卻在傳達造物上主的旨意，呼喚我們不要灰心，不要以為世界的包圍網真的那麼絕對。

白噪音與自然聲音的分別在於，後者讓我們想起上帝。

是的，我們面對的困難的確是大，但這宇宙之上，有一位比你我更大，比你我的困難大，比這一切更大。

2-3 唔使驚，上帝喺大廳

1 如果唔係上帝幫我
哋——（係呀，如果
你都覺得係，我哋一
齊唱啦）2 如果唔係
上帝幫我哋，啲人攻
擊我哋嘅時候，3 我
哋一定死梗，咬到我
哋渣都無得剩。4 佢
哋成班友湧埋嚟，沖
到我哋企唔穩，唞唔
到氣。5 一個浪衾埋

菈，我哋全部沉晒落
水底。6 上帝眞係堅
呀，本來諗住呢次實
死無生啦，點知佢救
番我哋喎，7 就好似
啲魚畀人捉晒入網，
佢就整穿個網，我哋
先至走得甩咋。8 噉
梗係啦，因爲幫我哋
嗰個，係創造天地嘅
上帝吖嘛。

〈詩篇〉124 篇 1 至 8 節

和合本經文

1（大衛上行之詩。）以色列人要說：若不是耶和華幫助我們，
2 若不是耶和華幫助我們，當人起來攻擊我們、
3 向我們發怒的時候，就把我們活活地吞了。
4 那時，波濤必漫過我們，河水必淹沒我們，
5 狂傲的水必淹沒我們。
6 耶和華是應當稱頌的！祂沒有把我們當野食交給他們吞吃（原文是牙齒）。
7 我們好像雀鳥，從捕鳥人的網羅裏逃脫；網羅破裂，我們逃脫了。
8 我們得幫助，是在乎倚靠造天地之耶和華的名。

〈詩篇〉124 篇 1 至 8 節

初信耶穌時學懂的一首兒歌 *Somebody Bigger Than You and I*，經常在我腦海，不斷迴盪。

Who made the mountains? Who made the trees?
Who made the rivers flow to the sea?
And who sends the rain when the earth is dry?
Somebody bigger than you and I.

Who made the flowers to bloom in the Spring?
Who made the song for the robins to sing?
And who hung the moon and the stars in the sky?
Somebody bigger than you and I.

尤其人在鄉郊，看見高高低低的山巒丘陵，「Somebody bigger than you and I」這句歌詞，就在心裏自自然然地哼出。人與神聖的相遇，實在是上帝介入我們生命的奧蹟，帶給我們超越塵世的視野。

在大自然中，見證上帝的創造

近幾年為了鍛煉身體，也為了調整心境，我一有空就會到近郊的鄉村小徑走走。

小時候我家曾被迫遷，與親戚一同從九龍搬到新界，落戶在粉嶺龍躍頭附近的鐵皮村屋，鄰近皇后山軍營。那些年，我換上深藍色斜布長褲校服，入讀鄉村小學，每天在圍村與圍村之間通山跑。一到放學，我與同學一起吃砸碎了的福麵，啜着沾滿味粉的手指頭，不時看着天空發呆。

直至傍晚，當位於村口的小型垃圾焚化爐升起白煙，傳來焦炭的味道，就提醒我是時候要混和餵雞的粟米碎和米粒，煮成米糊餵狗。那些大狗小狗，有部分是人家送的，有部分是某天流浪到我家，吃過幾餐後就住了下來的。

本來被迫遷，被轉校，與同學分離，這些經歷很難說得上是美好；但那段日子，又的確是我童年生活中一段最快樂的時光。每當我走到那些鄉村小徑，回憶就像打開寶盒一般閃耀，纏繞心頭的煩惱也像悄悄鬆綁，沉鬱的悶氣也稍稍減退。

人生的順逆，最終會帶給我們什麼，誰能一開始就說得上呢？

在某個陽光明媚的下午，我如常踏上熟悉的小徑，忽然和風吹拂，環繞四周的樹葉一下子晃動起來，陽光反照出深淺不一的綠意，遠遠近近地，訴說着生機盎然的真實。那一刻，我彷彿在一個熟悉的場景中，見證上帝創造的豐富是何等的實在，陽光與暗影互相映襯，交織出各種深淺遠近的細節，除了讚歎，什麼說話也成了堆砌的虛詞，我確切地感受到自己被造物上主深深環抱，祂的恩惠觸手可及，內心湧溢出難以言喻的感恩。

這樣的感恩，一方面來自大自然的美麗，但另一方面，也是更深層的，是我在這些景致中看見上帝。

德國神學家莫特曼（Jürgen Moltmann）在《創造中的上帝》曾經說過：「活着（Lebendigsein）意味着在與他人和他物的關

係中存在。生命就是在聯繫中交流。相反，孤立和缺乏聯繫，對一切生物來說都意味着滅亡，即使是對基本粒子來說，也意味着解體。因此，如果我們要理解真實之為真實，生存之為生存，就應該認識它自己的原始的和單個的共同體，認識它的聯繫、相互關係和周圍事物。」

沒有人是孤島，所有生命都以彼此連結的方式，創造活着、共生的條件。因為活着，因為生命之間的承托，我感受到萬物藉無以名狀的美善，訴說着一個創造的故事。

上帝一直都在，從不失信

我在這支撐生命的關係網中感受自己活着，在心臟與肺腑的擴張和收縮中，感受到心跳與呼吸，在波浪的進退中看見天理的運轉，在充盈的生境中感受生命被萬物承托，每一口空氣都是大自然的供應。我的人生能走到這裏，不純粹靠賴自己的能力，背後有我剛吃過的午餐，有菜有肉有糖有鹽，有廚師對着炎炎火爐的勞動，有農夫日復日的汗水，而這一切，都只是恩典的冰山一角。

同一片翠綠青蔥，同一個浩瀚宇宙，不同的人會看出不一樣的面向。田園郊野，有人眼中只看到發展藍圖、掙錢機會，世界以我為中心運轉，所有人事物都是我的投資工具。但同一個景象，有些人卻看見自然的壯麗、萬物的共生，在美感經驗中看見人的渺小和有限，看見生命在造物上主的手中，緊密相連，互相豐富。

或許，救我們脫離兇惡的保護網早已張開，而跳進這保護網的逃生指引，亦一早寫進錦囊。然而我們在恐慌中，在焦慮中，在低迷中，在沉鬱中，焦點往往被各種情緒搶奪，忘記抬頭仰望，忘記睜眼細看，忘記側耳細聽，以為上主已經忘記我們。

「祂在。」大自然是上帝最忠實的見證人，不單見證時代的更迭，更見證上帝從來沒有離場。

我們縱然對上帝失信，對自然世界失信，然而上帝沒有放棄我們，大自然仍是我們在受造世界中的家人朋友，見證上帝的同在，指引着我們的生命，回到造物上主的懷中。

2-4 好好吃飯

12 人生在世，有咩嘢
好得過可以開開心心
做個好人，13 個個有
飯食，辛苦完可以享
受下歎番下，呢啲都
係上帝留畀我哋嘅好
處。14 我知道，上帝

定咗係噉就係噉，唔係由得你話改就改，要你知道呢個世界邊個先有最終話事權，邊個先至係最大，喺佢面前要醒醒定定唔好亂蒞。

〈傳道書〉3 章 12 至 14 節

和合本經文

12 我知道世人，莫強如終身喜樂行善；13 並且人人吃喝，在
他一切勞碌中享福，這也是上帝的恩賜。14 我知道上帝一切所
做的都必永存；無所增添，無所減少。上帝這樣行，是要人在
祂面前存敬畏的心。

〈傳道書〉3 章 12 至 14 節

飲飲食食，於我是生之大欲。年少時和長輩前輩吃飯，大概我吃東西時臉上的愉悅實在太過明顯，總是有人對着我說：「後生仔食多啲」，把滿枱的食物都堆到我面前，繼而被我吃清光。那時朋友常說，有我在的飯局，沒有剩菜，甚至給我改了一個別號，叫我作「廚餘機」。

有時我會想，我是飢不擇食嗎？我是不懂分辨味道的好壞嗎？事實上，我家的遺傳基因對味道和氣味都很敏銳，從小就跟舅父們吃這吃那，舌尖上品嚐過的味道是我回憶的線索。

骨子裏，我總祈求能吃到好東西，讓味蕾爆發數之不盡的讚歎；只是，當我看見吃剩的飯菜，就會想起大廚們的心血被白

費，想起食物背後所吸收的大地養分被遺棄，血肉背後的生命被白白犧牲，心裏就無法愉快起來。不忍浪費不是純粹的節儉，而是在舉筷的一剎那，我與眾生的璀璨與凋零、珍惜與漠視，一一相連了。

飲食的重要，在乎味道，也關乎尊嚴

愈喜歡一件事，當失去時，那種傷逝的情緒，就來得愈激烈。有一次，不知哪來的好奇，我買了一款從來沒用過的牙膏。牙膏的味道還可以，但幾天過後，牙齒的神經忽然觸電一般。起初還想，是不是得了牙周病？還是因為近來晚睡了？但刺痛的感覺漸漸頻密，吃東西時牙齒痺痺的不好發力，甚至連我最愛吃的拉麵，每咬一口也是苦差。

幾天過後，我終於懷疑起那款牙膏來。停用兩天，疼痛減輕，但牙齒瘮麻的感覺仍然持續。忽然想起在藥房閒逛時，曾見過有一款牙膏能減輕牙齒牙齦的痛症，立刻買回家。後來牙醫證實真的是牙周病，所以那款牙膏有幫助。才不過兩天，我終於可以重新咀嚼，牙齒深處那觸電一般的感覺，大大減退；每吃一口，我都想起《朱子治家格言》中的那句「一飯一粥，當思來處不易」中的「不易」，不單包含耕田種米的生產過程，還包括食物送進口腔送到腸胃的最後一段路程。

能吃能喝，絕對沒有理所當然；每吃一口，都只能以感恩的心領受。

從牙痛到病情舒緩的那個星期，開首幾天，每一下咀嚼，都有觸電的感覺，我吃得極慢。這個咀嚼的過程，平日一向匆匆忙忙，有時咀嚼不了幾口就吞下去，現在都以慢動作重播一般的速度，在口腔內發生。即使那只是麵條，即使那只是豆腐，都是一樣。這樣的進食，因為緩慢，就給了我一個機會，可以仔細觀察、感受吃喝這回事。

那幾天，我想了很多，想到很多情景，想到很多人。

我想起很多老人家，特別是那些牙齒皆已脫落，只靠假牙咀嚼的老人家。他們因為沒有可以扣緊牙托的地方，需要用固定劑，把牙托分別黏貼在上下顎。然而，牙齒不是原生的，承托力自然差了一截，有些老人家咀嚼時會感到疼痛，要把食物咀嚼到能夠吞嚥，不是易事。

有些老人家開始轉吃流質食物，像嬰兒一般食糊仔，把咀嚼的步驟交給廚師預先切碎。但曾吃過人間百味的他們，一回想曾經品嚐過的美味，自然難掩失落，暗自嗟歎美好人生的消逝。

社會上有些有心人，體會到這些難以咀嚼吞嚥的老人家的心情，研發一些適合他們進食的軟餐和食譜，儘量模擬原有食物的外觀和味道，希望他們吃得有尊嚴，吸引他們愉快進食。從這些軟餐中，我看見厚厚的善意，承托住許多沮喪自憐的心情。如何對待飲食，在溫飽之餘，也包含了生命尊嚴的體現。

我們日常吃飯，很多時都是食而不知其味，特別是中午那一餐。或是忙着工作，壓縮自己的休息時間，匆匆把飯菜倒進腸胃，或是爭取一些娛樂時間，邊吃邊看手機，看盡精彩的影視娛樂，吃飯只是維生的必須。這不是錯，能讓繃緊的心情放鬆，能讓疲累的心稍歇，怎可能是錯？只是食物很多時都不在視野之中罷了。

除了能量，除了營養，食物背後還包含着文化，包含着生命本身，以及人類、社會和文明的故事。對食物懷抱敬意，是對生命的尊重；在尊重供養我們生命的一切受造眾生的同時，也尊重我們這副受益於眾生滋養的身軀，以至住在這肉身內的靈魂。

當食物回到餐桌舞台的中央，接受我們的注視，從味覺層次中細聽食物所經歷的一切，當中所承載的，遠比我們所能想像的更多。

好好吃飯，抓緊生命的美好

從日本漫畫改編，後獨立發展成大熱日劇的《孤獨的美食家》，就做了一個很有趣的示範。故事主角井之頭五郎因為工作需要，經常要穿州過省，拜訪不同公司洽談業務。每次出勤，他都一個人走進橫街窄巷去訪尋美食。無論是在店外探頭探腦，抑或等待上菜時的左顧右盼，又或美食上桌後的細味品嚐，都不缺他的內心獨白。

電視台一直不缺飲食節目，有些吃得盡情，有些品味高尚，有些瘋狂古怪，但為什麼這位中年大叔的吃相這麼受歡迎，劇集一直拍，拍了十季，拍到飾演井之頭五郎的演員松重豐自言身體抱恙再吃不下才換角？

一個人吃飯，不等於吃得寂寞。一邊吃飯，一邊看着《孤獨的美食家》，我們就隨着主角獨白的聲音，一起與食物對話，一起與自己對話。

不少人覺得，看着松重豐的吃相，有一種療癒的感覺。不純是演員把食物的美味都刻劃在表情之上，我想，我們彷彿透過眼前的熒屏，代入主角的位置，看着那個享受美食的自己，與他的內心獨白一起，與內裏的自己對話。

也許《孤獨的美食家》實在太受歡迎，這種穿插着餐桌、美食、切菜和進食的特寫、煮食和咀嚼的聲音、內心獨白和人生經歷的交織，慢慢發展成一種故事類型，呼喚我們細看在囫圇吞棗時被遺忘的食物，讓我們記起，那在每一天的例行公事中被遺忘的自己。

我常常記着神學家莫特曼這句說話：「只有放慢腳步的人才能多掌握生命，只有細嚼慢嚥的人才能享受吃喝。」生命的美善，很多時都在急促的生活中靜悄悄地溜走。讓生活的步調慢下來，不是為了趕時髦，迎合諸如慢食運動、慢活文化等中產生活想像，而是純粹在被世界擠壓得喘不過氣的壓力中，藉着蘊含在食物中的創造，幫助我們回到顎骨上下的移動，留意食物滑過舌頭時留下的味道，回溯各種創新烹調手法生成的瞬間，默念天地對生命的栽培和孕育，感激願意一起分享食物的人。然後，我們看見上帝如何讓人存活於萬物中間，受萬物的承托，也承托着萬物。

無論是食物，還是一起享用食物的同伴，都是那創造萬有者給我們留下的路標。

而帶着美善烹調出人間美食的各位，你們每一位都是天使。

[12] 阿仔，臨尾仲有樣
嘢要講你知：出書係
唔會有停嘅一日，讀
書亦唔會讀得晒，總
之小心身體啦。[13] 所
以，啲嘢即使唔記得
都唔緊要，放鬆啲，
記住一句就夠：敬畏

上帝，聽佢嘅說話，
做人就應該係噉。
14 因爲無論係好係
壞，你做過嘅嘢，喺
上帝面前無嘢可以收
得埋，有朝一日都會
同你問責——總之你
記住呢句啦。

〈傳道書〉12 章 12 至 14 節

和合本經文

12 我兒，還有一層，你當受勸戒：著書多，沒有窮盡；讀書多，
身體疲倦。13 這些事都已聽見了，總意就是：敬畏上帝，謹守
祂的誡命，這是人所當盡的本分（或譯：這是眾人的本分）。
14 因為人所做的事，連一切隱藏的事，無論是善是惡，上帝都
必審問。

〈傳道書〉12 章 12 至 14 節

如果不是有書，我的人生大概會很枯燥。

童年時關於書的記憶，都特別深刻。小學時在教會學校就讀，那個年代，已有書商在學校舉辦書展，還有雜誌訂閱。當時校內的課外閱讀風氣相當盛行，鄰座的同學更是《良友之聲》的訂戶，有時他會臨摹雜誌中的插圖，再跟我分享讀雜誌的樂趣。

母親對課外閱讀也是十分支持，會額外給我零用買書。當時的書價不算高，大概兩樽維他奶的價錢就能買到一本幾十頁的小書，印象最深的一本叫作《神秘的百慕達三角》，書中記述了許多飛機輪船在百慕達三角失蹤的故事，把一個充滿謎團、令

人半信半疑的世界，悄悄地向我打開。

除了金錢上的資助，母親也很常帶我去圖書館和書店，就算沒借走什麼沒買走什麼，單單翻開那些設計精美的童書，被書頁油墨的味道包圍，已有一種說不出的安穩。有些人說，家鄉有家鄉的味道，只要深深吸一口氣，就有回家的感覺；對我來說，書是我的家鄉，被書包圍，就是回到家了，大概這和童年的經歷不無關係。

透過書架，認識一個人的內心世界

每去到一個新環境，我總是先找圖書館和書店所在的位置。無論是因迫遷而入讀的鄉村小學，或輾轉搬到沙田後的日子，甚或入讀大學後的第一個暑假，圖書館都是我最常流連的地方。我在中學時做過圖書館管理員，在公共圖書館追過金庸古龍的小說，在大學圖書館捧着滿枱的《香港掌故》一本一本的翻閱，伏在案頭依着篆書的筆畫一筆一筆的抄寫。

書海的世界，弱水三千，再怎麼努力去讀，也只能取其一瓢；而單單這一瓢，足以讓我回味無盡。

後來的我，經濟鬆動一些，也開始買書，把喜歡的書一本一本買下來，擺在書架上。你可以想像，我是多麼喜歡自己的書架。

書架是一個人內在世界的延伸。看看一個人的書架上擺放了什麼書，大概能閱讀出他的世界——他關心什麼課題？信仰哪種價值？對人情世事的複雜着迷？期望世上的事理都有個解說？為求成功努力不懈去為自己增值？藉着故事的世界經歷喜怒哀樂？

有時，我會隨興招呼朋友看我的書架，有留意二手舊書買賣的朋友會跟我說，「你這裏的書可真不得了，有價有市啊！」也有些朋友會說，「原來你也有留意這個題目！」而最常聽到的，則是「這麼多書，你都看過了嗎？」

別傻了，怎麼可能全看過？雖然，書被閱讀，大概是書和作者最大的心願，但什麼時候讀什麼書，也是有本身獨特的相遇時機。

陪伴我們不同時期的書

有次讀到中國近代作家韓少功談書。他說，書大概可以分成四類：可讀之書，可翻之書，可備之書，可拋之書。這些書，在我書架上，都有。

有些書是從可備變成可讀，有些書則由可翻變成可拋，每本書都有自己的命運。例如，吳經熊《禪學的黃金時代》帶給我宗教上的啟蒙，莫特曼《被釘十字架的上帝》就標誌着我對所有意識形態的懷疑和不信任，這些都成為我書架上的重要標記。當然，還有某些被文化名人吹捧得太高的熱賣書，以及一些題目很好但寫得很爛的話題書，有些書我仍然保留，用來警惕自己買書時要看清楚。

可讀之書，是對生活經驗的認真總結，推動着思維、感覺、文化的創造力，帶動人類精神文明的提升。我這個人，很喜歡從閱讀中讀到新的視點，很期待作者給我新的啟發。有些書，初讀的時候，給我帶來許多啟發，後來再讀，已經失去原初的觸動。有些作者雖然著作等身，但基本思路已在最初幾本書寫過，之後的作品都是那幾個主題的借題發揮，把一個想法重重複複延伸解釋，很多時都讓我看得很不耐煩。

雖然不耐煩，雖然那曾經的觸動已漸行漸遠，可是我仍然感謝。我感激這些書和作者曾經打開我的眼界，真誠地記下他們的思考和感受。事實上，一個人思考的基調，很多時不會有很大或很多的轉變，總是不斷重新詮釋，在過去的經歷中更深發現自己。我不會輕看這些曾帶給我洞見的人，也不用否定他們在我身上的啟發，不用寄語今是而昨非，不用透過打倒他們來宣揚自己的成長和進步。如果執著於自己比這些書和作者更厲害，那倒顯出我們的幼稚，彷彿不透過比較就無法看見自己。所以啊，我真心感謝他們所作的善功。

至於可翻之書，讀起來則比較輕鬆，有種朋友相聚分享趣聞逸事的感覺。雖然營養有限卻能點綴人生，讓生活添上姿彩，只要不把零食當作主食就成了。一般喜歡閱讀的人，多數是閱讀這一類書。有些人覺得，這些只是閒書，不值一提，我倒覺得能有閒下來的心情閱讀閒書，豈不是一件美好的事？豈不值得為這個可以閒下來的自己感恩？就像心臟的跳動，一鬆一緊才有節奏，每天都神經繃緊的過日子，不應該是生命的常態。

更何況，一般人在讀的書，正好反映大多數人關心的世界。對別人的世界興趣缺缺，不理會別人的生活，信仰之所以離地，不用問也知道為什麼了吧？

而可備之書，顧名思義，是買來備用的書，就像晴天時的雨傘、太平時期的防身格鬥術，一般情況下未必有用，卻關乎人生的想像和推測。我大學至初職時，買書買得很狂，總覺得自己有一天會探究某個範圍某些學者的學問。於是，上課時特別留意老師的書單，留心在某個題目上術有專精的大名，在書店買來備用。

然而人到中年，老花眼日深，書讀不多久就眼累，記憶力也日益減退，用來備忘的待辦清單也被忘記。年少時的想像，或者真的太過浪漫、太不切實際，對於可備之書有了不同的想法，每買一本書前都問自己，未來五年有機會翻閱嗎？（最近是減至未來三年。）如果不會，那就算了。可備之書漸漸成為我想像未來的切入，透過這樣的思考，我更多思考自己對人生還有什麼期待和想望，希望自己在有生之年能花點時間涉獵，好讓自己不枉在上帝所創造的世界走過一趟。

最後，可拋之書是指那些不單不必保留，甚至應該捨棄的書，好讓自己在物理上以至精神上能騰出空間，容納更多好東西。雖然韓少功在談到這些書時，語氣有點不屑，用上「文化糟粕」、「低智商」、「一種戳眼的環境污染」來形容，我卻想此一時彼一時也，尤其這些書是自掏腰包購買，即意味自己也曾與這些書有過共鳴，用今天的心境批評昨天的舊愛，未免太不公允。

或者我們可以換個角度去想——放下這些書是要讓人能好好活下去，聚焦於當下，放眼於未來，好叫眼前的時光不致白白溜走。而這些被放下的書，對今天的我們未必能接得上，但對正處於某個人生階段的某某，或許能解一時的鬱結，能紓一時的苦困。若能把這些書轉給別人，也可以是一件美事。

因着書，認識更多的人

無論是可讀之書，或是可拋之書，我始終感激有書，陪伴我走過不同時期。這些年，我讀書、看書，後來有機會編書、寫書，參與出版，都讓我的世界變得豐富充盈。過程中，我遇見許多人，即使每個人的閱讀口味不盡相同，但以書會友這回事，也真實地在我的生命中經歷，作者讀者固然是有，也有懷抱文化理想開書店的朋友，或是一有機會就透過寫作、廣播、拍片、辦活動來推動閱讀的朋友，那種一講起書就雙眼發光的熱情，令人覺得書真的拯救了許多人。

某天散步時，我對着眼前的樹木發呆，想起了樹的種種。我們做出版，因為印刷總離不開紙、離不開樹，所以對樹特別有感情。知道有些人醉心於書籍的裝幀，有些人想一嚐刊物出版的滋味，我看着樹時心想，我在出版上所經歷的滿足，能否讓更多人也經驗到？

為了讓更多人也能從心底裏感謝有書，我在密麻麻的日程中，硬割一塊來開班，以出版小刊物為切入點，從編輯的角度分享書刊背後的故事和秘辛，以及如何用編輯的視角去思考問題。

沒想到，這些小班吸引了許多對世界好奇、對什麼也躍躍欲試的朋友，也有希望想整理自己人生、與人分享所見所聞的朋友。他們的出版成果，雖然只是實驗性質，卻已為這個世界添上色彩。

正如你的財寶在哪裏，你的心也在那裏，我們的書會反映出我們的關注，書架亦可理解為內在世界的延伸。我們如何對待書，反映着我們如何對待身外物，如何對待別人，甚至對待自己的人生。書架的有限就像人生的有限，讀什麼不讀什麼，哪些書常翻，哪些書閒置，都是選擇；透過選擇，我們會發現自己是怎樣的人，嚮往怎樣的生活，羨慕怎樣的人生，持守怎樣的價值。

至於《聖經》……呀，在哪兒呢？

Part 3：成為彼此的恩惠

3-1 讓生命的幽暗有機會發聲

14 既然我哋嘅大祭司
耶穌，已經返到上帝
嘅身邊，呢個機會你
哋點可以錯過！15 佢
一啲都唔離地，好清
楚我哋到底面對緊啲
乜。佢經歷過晒我哋
所面對嘅困境，畀個
環境圍困攻擊過，不

過佢過到呀，無因爲
呢啲攻擊而走去做咗
啲上帝唔中意嘅事。
16 所以唔使驚喎，既
然佢咁明白我哋，
就即管將我哋驚緊
嘅嘢，乜都講晒畀佢
知，等佢安慰下你，
等佢幫下你。

〈希伯來書〉4 章 14 至 16 節

和合本經文

14 我們既然有一位已經升入高天尊榮的大祭司，就是上帝的兒
子耶穌，便當持定所承認的道。15 因我們的大祭司並非不能體
恤我們的軟弱。祂也曾凡事受過試探，與我們一樣，只是祂沒
有犯罪。16 所以，我們只管坦然無懼地來到施恩的寶座前，爲
要得憐恤，蒙恩惠，作隨時的幫助。

〈希伯來書〉4 章 14 至 16 節

人世間有很多生命的扭曲，不少都來自對真我的否定。為了回應家庭的期望，為了配合社會的規範，為了追逐世界對成功的定義，很多人都掩埋內在真實的自我，活在別人的目光下，把自己塑造成其他人期望中的那個我。

有時我們不是不知道真我的呼聲，只是真我對外在環境十分敏感，一開始時更是有點脆弱，若非感到安全，我們寧可把大門關上，宅在心靈的深處，等候聆聽的耳朵。

當內在的我與外在的我，落差愈滾愈大，內裏翻滾的波濤就愈發洶湧，衝擊那一味迎合世界的自我。當我們裏面的自己，無法掙脫那些被動的期望，被迫逆來順受，真我備受忽視，日積

月累，一再壓抑，去到某一天，內裏反抗的張力就會越過臨界點，最終越籠而出，反噬一切，推倒一切。

坦誠內心的掙扎，面向真實的自己

著名教育工作者帕爾默（Parker Palmer）曾寫過一本小書《與自己對話》（*Let Your Life Speak: Listening for the Voice of Vocation*，前譯《讓生命發聲》）。不少人在探討召命、職志、生涯規劃時，都愛提到這本書。

不像那些炫耀成功的勵志故事，帕爾默把人生中許多經歷過的幽暗，一一道來。他以朝聖之旅為寓，提到朝聖者不會把旅途上遇到的險阻視為意外，反倒視之為旅途經歷的一部分。

他憶起年少時，沒有多少先行者願意把人生路途的幽暗向他們訴說。成功的道路彷彿人人一蹴即就，做不到的人就是無可救藥的失敗者。

當我們的目光只聚焦於成功的光芒，人生的細節就會消失不見。為此帕爾默再以朝聖者的視點提醒我們，在追尋生命的過程中，不僅需要勇氣與長處的引導，也要借助短處和弱點的提示，從而認識生命的限制，藉此看見那真實的自我。

雖然書的主題是關於職志的追求，然而這只是故事的脈絡。在我看來，帕爾默真正想說的，其實是生命內外的落差——外在的聲音與內心的呼喚、眾人的期待與真我的感受、角色與責任對內在靈魂的撕裂——如何磨蝕一個人的生命，如何使人過勞耗盡（Burnout），如何使人陷入抑鬱焦慮；而尋求生命的整全，不單讓人回歸真我，也能減少對身邊人的傷害。

前半生的種種挫折，使帕爾默深陷抑鬱的境地。他以為自己在幫助別人，卻因為對真我不夠誠實，勉強付出自己所沒有的，終於無法信守承諾，言行站不住腳，自我在懷疑和貶抑中不斷消沉，然後戴上面具，掩飾內裏的虛浮和恐懼。

當帕爾默攤開自己的故事，真誠地記下他的經歷與掙扎，這個故事本身，就很有治癒的力量，不單是對他的醫治，也是讓人在真誠、平等和尊重的同在中，感受到一份不施加壓力的接納。

謙卑回應，承認自己的有限

我一邊讀，一邊回想自己廿來歲時，少不更事，以為自己對世情已有相當了解，肆無忌憚地充當起別人的人生顧問、網上師傅，大發偉論。如果這些意見只是一堆廢話，那還好，因為聽的人只當我是一個無聊的渾人，水過鴨背，滑不留痕。偏偏這些意見恰巧對人有點啟發，有些人聽進心裏，也幫助過一些人渡過難關，心魔就在內心的暗處滋長。我開始以為自己真的明白這個世界，明瞭人間的苦難。

答案當然是不，人生給了我一個又一個狠狠的不。

遭遇過各種艱難和挫折，我開始明白生命的限制，明白很多事情不能一廂情願，不是憑着志氣就能達成。然後，我開始明白過去給人的回應和意見，很多都只是自以為是；我侃侃而談，卻沒有聽到對方最根源的掙扎。

善意，動了慈心，當然是有的。也許有些人覺得我有幫到手，純粹出於我以善心來回應，而他們只需有人善良地聆聽。現在回想，那些意見根本沒有多大洞見。

當我察覺人生不是那麼簡單後，我的說話減少了，聽罷別人的處境，即使回應，也不像以往那麼自信滿滿。肉身的限制，使我看見人之為人的處境。

這段日子，我在上帝面前禱告的時間多了。我不知道自己在人羣中如何被看待，不知道自己的經歷會否成為別人竊竊私語的話題，我只知道上帝知曉我的一切。這位上帝，深明彼得的軟弱，知道他會矢口否認與耶穌相識，更不會承認自己是領袖中的領袖；然而，正是這同一位上帝，為彼得祈求信心，鼓勵他回頭堅固自己的弟兄。

我知道這樣的上帝，會聽我不敢揚聲的禱告。在我說話減少的日子，祈禱成了我主要的言語；在這些或光明或幽暗的言語中，我感恩能表達出內裏的真實，讓孤獨的自我有機會出來透透氣。

沒想到，當我承認自己的有限，有些人生遇上類似困境的人，開始跟我講述自己的幽暗。縱使我仍在跌跌碰碰之中，沒能提出什麼有效的解決方法，沒能拿出什麼一理通百理明的意見，純粹在共鳴之處，講講我怎樣面對自己的難處，好像已能緩解他們一點點困頓。彷彿，只要有人耐着性子，聆聽他們的困境，不高高在上地指手劃腳，發表自以為是的高見，那就好，那就夠。

偶爾回想，這到底是一種怎樣的經驗？當我們如此渴求被聆聽、被了解、被明白，甚至被接納，不正好意味着我們身處的世界，沒有誰真的在聽，人人只管發表意見？

在各種人際相處中，我們都在說話，卻沒有彼此拉近。

當生命遭逢不幸、遇上阻滯，我們往往被迫謙卑下來，不得不正視自己的有限。人嘛，就是這麼麻煩。很多道理不是不明白，很多建言不是沒聽過，只是若非山窮水盡，我們往往選擇逃避，掩眼掩耳，什麼也不想理，或把時間都花在次要的事上，欺騙自己一切如常，欺騙自己正在努力。

有些人會一直逃避，直到遇上更大的難關，在分岔口前，或是承認自己內裏幽暗的存在，選擇謙卑；或是否定自己其實有若塵土，繼續逃避，失去安身立命之所。

當真實的自我得到照顧，能夠坦承自己的有限，把各種擔憂和焦慮盡都傾訴，我們就開始不用強作堅強，不那麼不忿於別人沒有注意自己，不用藉由他人的回應來建立自己，心裏會變得較為踏實安定，徐疾有致，進退有道，不致成為情感的黑洞，把自己和身邊人的能量都吸光吸盡，消耗在無盡永劫的漩渦之中。

世界的真理，鼓勵勝者為王，敗者為寇，要我們透過打倒對手來證明自己的價值；天國的真理，源於上帝知道我們的本相，植根於我們受造的樣式，思念我們不過是塵土，在擁抱中帶來釋放，讓我們坦然接納本來的面目，不用逞強，不用喧鬧，如其所如地觀看上帝在我們身上的作為。

向耶穌祈禱，在禱告中說出「主啊，幫我」，與其是在期待什麼超乎常理的神蹟，對我來說，更根本的關鍵在於承認自己需要幫助。而耶穌作為經歷過人世間種種磨難的人子，我知道我的禱告，無論我說得出或說不出，祂都知道中間最難熬的苦困是什麼，以致那內裏無比孤獨的自我，在耶穌的同在中，被擁抱，被明白，得憐恤，蒙恩惠，成為我們隨時的幫助。

3-2 啟蒙，就是點亮一盞指路的油燈

14 記住，你哋要畀世
界見到上帝嘅光，你
哋要成爲光。上帝並
唔係一個秘密，唔使
收收埋埋嘅，就好似
山頂嗰座城，所有人
一眼就會望到。15 如
果我想你哋成爲光明
嘅使者，你哋唔係諗

住收埋喺櫃桶底自肥
呀嘛？我梗係希望
你哋企出蒞照住大家
啦。16 你哋眞心對人
好，對人開放，其他
人先至會感受到上帝
有幾好，先至會對上
帝開放吖嘛，你哋話
係咪先？

〈馬太福音〉5 章 14 至 16 節

和合本經文

14 你們是世上的光。城造在山上是不能隱藏的。15 人點燈，
不放在斗底下，是放在燈臺上，就照亮一家的人。16 你們的光
也當這樣照在人前，叫他們看見你們的好行為，便將榮耀歸給
你們在天上的父。

〈馬太福音〉5 章 14 至 16 節

據說，西非尼日利亞有句諺語：養育一個孩子，需要全村人的力量。雖然我沒有非裔血統，卻對一個人如何從孩童開始成長，很有感受。

我媽在她成長的年代算是讀過點書，不單中學畢業，之後還取得幾張商科文憑，曾任職製衣工廠和華資百貨的會計部，但後來要照顧孩子（即是我和弟弟），成了全職主婦。賺錢養家一事，轉由在地盤工作的父親獨力承擔。

成為全時間主婦的媽，不單照顧我們幾兄弟，還抽時間照顧剛分娩的親戚和她們的初生嬰孩。有些小朋友之後留在我家，住了好一段日子，和我們一起生活，週末才回自己的家「度

假」。很記得那時，媽要料理的事務繁多，家中大大小小都要一起分擔照顧的任務，始終多個人就多雙手。看着那活像一團粉團、軟趴趴的小嬰兒，我們深深感受到，初生的生命是何等的脆弱，單靠一個人、一雙手去照料是何等的吃力。

在人生的起步，三餐溫飽，固然要倚靠別人；思想啟蒙，往往也需要引路的人。

一個補習老師，打開知識世界的大門

談到思想啟蒙，小學時給我補習的 W 老師，是我腦海中最先出現的人。那時，我們一家剛剛搬到沙田，母親在家長日跟老師討論如何提升我的學力，以應付升中考試，老師建議，不如幫我物色一位補習老師吧。恰巧，這位老師和朋友在香港中文大學附近合租村屋，於是她幫我媽在大學超市的壁報板上，貼了一張招聘上門補習的告示，然後，我認識了 W。

W 給我的，是一個帶我走出渾沌童年的啟蒙經驗。他這個人，隱隱然散發着一股無法掩藏的傲氣，跟我一直以來接觸的老師都不同。他下巴蓄着山羊一般的鬍鬚，補習後會留在我家一起吃飯，飯後和我爸一起抽煙閒聊。

聽他說，他之所以會來補習，是想賺點錢來買藝術節的門券，我聽得悠然神往，原來這個世界有些人工作，不是純粹為了飲食餬口，而是為了藝文活動——原來有這樣的一個世界！

當時主修哲學的他，不單教導我英語的時式文法，也會和我一起品讀中文文章。基本素材除了讀者文摘出版的《地球的奧秘》、《古文明之謎》，他也會把自己讀過的書留給我，蕭紅的《小城三月》、黃春明的《莎喲娜啦·再見》、明川（即是小思）的《豐子愷漫畫選繹》，都是他讀後送我的，更附有他一邊讀一邊用鉛筆寫上的眉批評注，讓我看見他如何與作品對話。

他知道我喜歡漫畫，有次更帶來阿根廷漫畫家季諾（Quino）的幽默諷刺漫畫。在他筆下，成人世界的荒謬、虛偽，成為令人一再捧腹大笑的笑料。

要知道，那個年代沒有互聯網，家人的生活世界、學校的學習環境，就是小孩子的全部，而 W 的突入，好像把這個世界的大門一下子打開了。他的身影，成了我那時心底最嚮往的成年人形象。

至於這樣的嚮往，到底跟我後來報讀哲學系有沒有關聯，那就真是天曉得了。同樣天曉得的是，假如當時應聘的不是W而是其他老師（就像我後來遇到某位只管操練考卷而不斷羞辱我的補習老師），我對知識世界的好奇是否仍然那麼濃烈？這趟跨越懵懂邁向準成人世界的成人禮，算是打開了序章。

後來，我發現很多描述青年人成長的故事，都有類似的情節。然後再發現，只要我保持對世界的好奇，知道並承認自己總有無知的地方，這樣的啟蒙，這樣的經歷，這樣穿透黑暗的光照，還是會一再出現。

往後的日子，我和很多人一樣，完成了小學中學大學的常規教育，進入職場。雖然工作場所有很多東西可以學習，有許多前輩打開我不同面向的世界，然而，從混沌到啟蒙，隨着人生經歷的累積，着眼點也有不同。

一個人接一個人，點亮學習神學的燈

大學畢業前，我對教會開始比較熱心，但對信仰的理解仍十分皮毛，談不上深刻，說不上洞見。進入職場後，某天有位年紀跟我差不多，卻在教會已有相當年日的同事，問我有沒有興趣放工後一起去神學院上課，說某某老師剛從海外學成歸來，是他回港後第一次開辦公開課。

那是一個關於舊約聖經神學的入門課。還記得課堂還沒去到一半，我不禁去想，到底我對這信仰是有多不認識啊？無論是《希伯來聖經》的構成、古代近東神話的挪用、段落解讀的技巧、詮釋彈性的判斷，我都從沒接觸過。如果這是神學的入門課，為什麼教會竟然沒人談論？為什麼這麼有意思的研究和發現，沒有在教會中普及起來？如果連這些知識都沒有接觸，那麼我們到底是信什麼？所謂對信仰認真，又有多認真？

這門課成為我繼續上神學課的契機。然後，我認識了 S 老師。

S 在當時算是新一代從海外學成歸來的神學院老師。那時他的授課風格，類近論文宣讀，全篇內容一早寫好，整堂課就是逐字逐句的宣讀。我邀請了一位教會弟兄同修那門課，一下課，他就不斷埋怨課堂很悶，我卻興奮無比，腦海盡是課堂上提到的概念和視野。耳邊的埋怨，我一句都聽不進去。

幾年後，我打算比較有系統地修讀神學，接觸一些可能從沒聽過，連興趣也談不上的知識，於是冒昧地相約 S 見面。當時 S 已轉去另一家神學院任教，比較寡言的他，不單沒有表現不耐煩，還花了一個下午聽我東拉西扯天花亂墜。當時談過什麼，我丁點兒印象也沒有，卻對 S 的接待十分感激。為了更多上他的課，我決定報讀他任教的學院。

神學課程，一般可分為研究教義和系統神學的神科、研究和經卷詮釋相關的經科、研究教會發展的經歷和教訓的歷史科，以及和教會事奉相關的實踐科。S 的研究範疇一直屬於神科那一面。起初，我以為 S 只是對某位神學家作專家研究，後來才發現他原來一直在問問題，從一個神學家到另一個神學家，從一個領域到另一個領域，從理論到處境，從處境到理論，一直沒有停步，一直不斷思考，不斷回答，不斷再提問。

記得他曾說過，《聖經》原文是要長年累月的浸淫，年紀大才開始學，很難有突破，尤其像他這種研究系統神學的人，就更是如此。幸好，不同學科之間是互補的學習羣體，不同領域都有學有精專的學者。我們要學懂吸收別人的研究成果，與自己的研究領域對話，藉此推進學習羣體的理解，繼而啟發其他人的探索和學習。

學術以外，信徒羣體豈不也是一樣？在台上散發魅力的領袖，在羣體中固然備受重視；在人羣中默默服侍的人，也會看出別人看不見的風景。當我們看見各人在羣體中的互補，讓各人的光芒有其位置，這個羣體會讓人看見上帝創造的美好，啟發人貢獻一己的所有，為這世界帶來祝福。

從 S 身上，我近距離認識一位學者對追求學問的熱情。即使畢業多年，每隔幾個月我也會和他一起茶聚，把我那段時間正在思考的東西匯報，聽他的回應。有時，他會引介一些學者和研究，作為我繼續探究的延伸；有時他會質疑我對某些概念的理解，和我在思想上角力。

近幾年，我和他的人生都遭逢巨變，茶聚時傾談的內容，也漸漸從概念思辯，更多談到生活體會，過去聽起來有點抽象的反思，如今是增加了血肉，有了明顯的重量，也提示我處境的思考離不開肉身。假如沒有進入處境，更精妙的觀點到頭來也只是虛空，只是捕風。

誠然，W 和 S 都是有學識又聰明的人，他們最啟發我的，不在於他們的才智見識，而在於他們如何活出自己的人生。在競爭激烈、經濟掛帥的香港，考取專業資格從而累積財富晉身成功人士的行列，是主流價值的具體呈現，但 W 和 S 都選擇了少人踏上的道路，追求知性的滿足，追尋生存的意義。他們用自己的人生，演活了自己的答案。

在言語過盛的年代，我們很多時只能接觸人們泛泛而談的一面。那些高言大志，那些道德高地，不是沒有道理，然而千帆過盡之後，這些理想往往只餘下令人尷尬的矯情，愈侃侃而談愈顯得不知人間疾苦。W 和 S 的人生，讓我看見生命的可能和限制，是那麼的真實，同時又是那麼的踏實。

這麼多年來，我都很感謝 W 和 S，在那如墮五里迷霧的日子，他們就像荒野小屋裏的油燈。他們未必是刻意提燈引路的搜索隊。不過，有燈就有人，即使他們只是各自在具體的處境中，面對自己人生的順逆高低，真實地存活，對我來說，那已帶來生命的啟蒙。

3-3 AI來了，誰來牧養？

39 你睇下歷世歷代嗰
啲爲咗天國犧牲自己
嘅屬靈偉人，佢哋
到死都仲未見到上帝
所應許嘅嘢實現。
40 噚，依家呢，上帝
就留咗個好位畀我哋，
而佢哋成世人爲之生
爲之死嘅期盼，就係

差我哋呢一步嘞。

[1] 你睇下周圍，睇唔睇到呀？成個場嘅人都同你打氣呀！畀心機，捱埋佢，就到終點喋喇，唔好放棄呀！唔好畀啲衰嘢拖你後腿呀！[2] 嗰個喺

起點同你打氣嘅耶穌，佢依家喺終點等緊你。佢同你一樣，一諗起衝線時有幾興奮，就算跑到腳痛都當無嘢，啲人笑佢都當耳邊風，十字架都攔佢唔到，依家佢就坐咗喺上帝嘅包廂，睇住你衝線呀。
3 當你好攰好沮喪嘅
時候，試下諗下耶穌
點樣面對啲人玩佢串
佢，你就會重新充滿
力量㗎喇。

〈希伯來書〉11 章 39 節至 12 章 3 節

和合本經文

39 這些人都是因信得了美好的證據，卻仍未得着所應許的；
40 因爲上帝給我們預備了更美的事，叫他們若不與我們同得，
就不能完全。

1 我們既有這許多的見證人，如同雲彩圍着我們，就當放下各
樣的重擔，脫去容易纏累我們的罪，存心忍耐，奔那擺在我們
前頭的路程，2 仰望爲我們信心創始成終的耶穌（或譯：仰望
那將眞道創始成終的耶穌）。祂因那擺在前面的喜樂，就輕看
羞辱，忍受了十字架的苦難，便坐在神寶座的右邊。3 那忍受
罪人這樣頂撞的，你們要思想，免得疲倦灰心。

〈希伯來書〉11 章 39 節至 12 章 3 節

人工智能（Artificial intelligence, AI）的發展，不是今日才有，不少日常工作早已開發出相關的應用，例如在醫療上，人工智能可以配合內窺鏡，協助醫生判斷瘜肉致癌的機率；不過 2022 年底推出的聊天程式 ChatGPT，運用自然語言處理（Natural language processing）的模型來分析大數據，模擬人類的言談對答，令使用人工智能這回事極速普及，從普通的傾談到創作新詩，從翻譯文章到編寫電腦程式碼，不少人覺得幾可亂真，有一種隔着電腦和真人對談的感覺，有些內容甚至比人類更勝一籌。

例如，有些朋友試過，請人工智能回答一些和信仰相關的提問，「這比我教會的導師答得更好啦。」朋友這個回應，我一點也不感到意外。

有不同的經歷，才有真切的體會

曾幾何時，在互聯網開始普及的時候，我帶着編輯的技能，轉往開發網上社羣的應用和內容。網上討論區當時方興未艾，是凝聚網友的理想平台。每天晚上，來自五湖四海的人就着不同話題在網上留言互動，有時心情傾訴，有時閒話家常，有時文字接龍，有時信仰疑問，實在是一頁令人回味的昔日風景。

大概因為我正在神學院修讀晚間課程，許多關於信仰的提問都塞給我去回應。老實說，我又不是神學院老師，人生經驗又有限，信仰的整合仍在累積，面對各式各樣的提問，能給出怎樣的答案呢？

不過，我還是盡力寫盡力做了。我按着當時對信仰的理解，儘量提出理性持平的觀點，儘量不那麼說教，儘量聆聽網友背後的人生困境和掙扎，儘量在教會的屬靈八股以外來點新意，希望帶來一點信仰上的啟發，然後寫下一篇又一篇回應帖文。

現在回想，這些帖文也真像人工智能的回答。那時，我一天回應兩三道問題已叫我筋竭力疲，現在用人工智能的話，一切都在轉眼之間。

幾年後，我從互聯網的工作轉回出版，網上回信算是告一段落。後來某天，我偶然打開電腦某個檔案夾，竟然留着好幾篇當年寫下的回應，讀着讀着，不禁面紅耳赤，為當年的自己感到尷尬。那些回應的觀點與用字，充滿瑕疵，明顯是思考不足、倉猝成文的結果。

雖然我為到今天能看得出當年的自己是如何不濟而感恩，至少，如今的我能分辨好壞了；但我還是暗自心驚，生怕那時表達的觀點，會否令網友對基督教信仰產生什麼偏見？

畢竟，廿多年過去，我讀過的書、見過的人多了，人生的遭遇也經過大小起伏，對人、對事、對生命、對世界、對教會、對信仰的看法都有了新的體會，對什麼要放手、什麼要抓緊亦有了不一樣的判斷，心境是寬容了，世界是開闊了，上帝是親近了。然後，回看當天的自己，自然覺得今是而昨非。

信徒的成長，在於掙扎中繼續尋求信仰

人工智能學習的速度，比我這種龜速是快上千倍萬倍。只要有足夠的學習素材，人工智能回答問題的表現，肯定比我們大多

數人還行。但是，如果信徒生命的培育，只在乎信仰知識的增加；如果我們知道什麼應該做，就立即做到毫無難度沒有掙扎——如果真是這樣，我們實在只需要人工智能就夠了。

不過人生正好不是這樣。最根本的信仰，從來都是知易行難。

有一位我視如兄長的朋友，曾分享一個對我影響很深的經驗。那時他的孩子即將升上中學，他認識一位在教會和教育界甚有影響力的前輩，身邊的人紛紛叫他，請這位大人物為孩子寫推薦信給心儀中學的校長，為孩子的升學鋪路。

這位朋友，思前想後，決定讓孩子循一般途徑升學，不走後門。朋友說，如果他真的選擇用推薦信這一招，那麼他是倚靠了誰呢？什麼叫倚靠上帝？孩子在這件事上學懂了什麼？這樣對孩子真的是好嗎？什麼叫好？在孩子的眼裏，我們的生命反照出一個怎樣的上帝呢？一個升中的學位，與天國的價值相比，哪個比較重要呢？我有多重視這中間的分別呢？

或許有些人會覺得這是不是有點鑽牛角尖，但這些提問，在我往後許多人生的抉擇中，一再響起。

我感恩，在人生的道路上，曾遇過身體力行的信仰者。他們未必完美，甚至性情上也各有缺陷，對身邊的人帶來諸多的麻煩，但在不同的關鍵時刻，他們的信仰抉擇，都反照出行走天國道路的人該有的模樣。

信仰上帝，就是信靠上帝。有這樣的認知固然重要，但更重要是我們的行動——在日常的抉擇中，我們是否心口如一選擇信靠的道路？在未知結果的時候，是如何如但以理的朋友般向尼布甲尼撒王吐出「即或不然」的認信？落荒而逃的彼得，是如何面對自己的失敗，回頭堅固他的弟兄？每一個先行者，都是以他們的生命作見證，同時鼓勵每一個後來者，在跟隨耶穌、信靠上帝的道路上，踟躕與掙扎，跌倒與重來，都是人間尋常，不要一廂情願地樂觀，也不用沮喪得有如世界末日。

即使人工智能變得更博學更聰明，對提問回答得有多快有多準，卻始終沒有像我們一般的人生，沒有同時帶來祝福與傷害的原生家庭，沒有一起做無聊事的同班同學，沒有普通人的掙扎，沒有尋常人的負擔。凡此種種，其實都是人之為人彼此相連的根本。

反過來說，如果基督徒覺得人工智能的回應非常有用，原因或許在於，我們對信仰的理解，只着眼於教科書一般的通則，只屬於不食人間煙火的理念世界，只在乎離地宗教圈子的術語交流。

不是每一個人都勝得過時代對我們的挑戰，或是引誘或是壓迫，或是迷失或是懊惱，我們如何面對這些掙扎，如何在失足跌倒中仍想方設法去減少對人對己的傷害，如何在身不由己中仍尋求實現最大的良善，即使最終未能扭轉局面，這些嘗試本身已成為指向天國的路標，指引每個尋求上帝的朝聖者，鼓勵每個感到筋竭力疲的尋道者，安慰每個傷痕纍纍的忠信者，讓每個在世獨行的天國信徒，知道吾道不孤，而這正是人工智能無法取代的生命軌跡。

7 或者因爲我得到嘅
啟示實在太勁啦，上
帝驚我太得戚，於是
整咗劑好杰嘅嘢畀我
歎，就係由得撒但嗰
啲馬仔蒞折磨我，等
我唔好以爲自己好
醒。8 呢鑊眞係好惡

頂，我試過三次同主
講，你唔整走佢，
不如一槍打死我。
9 點知上帝同我講：
「唔使驚喎。我畀你
嘅嘢，夠用㗎喎。
你唔掂，我實幫你搞
到掂。」眞係一言驚

醒夢中人！係嗰，我搞唔掂，上帝咪做嘢囉！所以我成日都提住自己邊度唔掂，等耶穌滋幫我。[10] 即使鬱到病呀、畀人串到爆呀、迫我跪呀、玩針對呀、無路行呀，

我依家真係睇開咗；因爲我最唔掂嘅時候，就係耶穌最幫我嘅時候。

〈哥林多後書〉12 章 7 至 10 節

和合本經文

7 又恐怕我因所得的啟示甚大，就過於自高，所以有一根刺加
在我肉體上，就是撒但的差役要攻擊我，免得我過於自高。8
為這事，我三次求過主，叫這刺離開我。9 祂對我說：「我的恩
典夠你用的，因為我的能力是在人的軟弱上顯得完全。」所以，
我更喜歡誇自己的軟弱，好叫基督的能力覆庇我。10 我為基督
的緣故，就以軟弱、凌辱、急難、逼迫、困苦為可喜樂的；因
我什麼時候軟弱，什麼時候就剛強了。

〈哥林多後書〉12 章 7 至 10 節

小時候自恃大胃王，能吃很多也吃很快，總在意一些無聊又無謂的事情，例如，用幾分鐘食完一碟粟米肉粒飯，然後暗自沾沾。

有一次，在一間頗出名的茶餐廳吃了一頓鐵板牛排。牛排端上來時滋滋作響，油香四溢。大胃王的自恃又再出現，狼吞虎嚥，不消多久就吃完整塊牛排，但教訓很快就來了。

那天晚上，我第一次體會到，胃痛是可以有多難熬。

胃一直在投訴，它的語言叫脹氣。我躺在牀上翻來覆去，一邊咒罵那疼痛，一邊想起母親每次的叮嚀，總叫我不要吃太急，

忍着疼痛為吃過那頓牛排追悔。胃痛跟普通撞傷痛症不同，那種痛深入身體不能直接觸及的地方，不能以敲打肌肉來分散疼痛感覺。它就躲在要害的深處，給我永世難忘的教訓。

羣體的攻擊，叫人無奈

提到身體的痛楚，很多人會聯想起使徒保羅在〈哥林多後書〉12 章提及，那一根加在保羅肉體上的刺。

根據公元 2 世紀寫成的經外文獻《保羅行傳》（*The Acts of Paul*）的描述，保羅身材矮小，頭髮稀疏，兩腿彎曲，身體健壯，額上兩眉連在一起，長有挺拔的鷹鼻。從早期教堂、墓室的畫作看，教會一直採納這個描述，所以很多早期描繪保羅的畫像，都把他畫成禿頭，頭頂有一束短髮，雙目有神，感覺有點強悍。

雖然文獻沒有直接描述保羅的眼睛，但相傳保羅患有眼疾，〈加拉太書〉也忽然有一句說他親手寫的字特別大。有些人由此推斷，保羅提到的那一根刺，可能是指眼疾對他做成的困擾。

身體的軟弱，固然令人沮喪，尤其那些長期病患，更令人叫苦連天，不知何年何月方能擺脫這個取死的身體。有些罹患濕疹、關節炎症的朋友，日復日的痛苦，不單消磨意志，也蠶食了希望，內化成抑鬱、驚恐、焦慮等侵蝕靈魂的毒素。把保羅這肉體上的一根刺理解成身體頑疾，也的確鼓勵了許多人，如何在病患中學習與痛苦共處。

雖然長期病患確實令人困擾，而保羅這句說話也帶來安慰，但那令保羅感到困擾、要三次求主取走的考驗，卻不一定只說身體的疾病。

有些聖經學者留意到，保羅提到肉體上這根刺時，隨即指出這「就是撒但的差役」；而「差役」這個詞的原文，在前一章譯作「天使」，指教會中某些人：「那等人是假使徒，行事詭詐，裝作基督使徒的模樣。這也不足為怪，因為連撒但也裝作光明的天使。所以他的差役，若裝作仁義的差役，也不算希奇。他們的結局必然照着他們的行為。」（林後 11：13-15，其中 15 節所提到的「差役」雖然用另一個詞，意思仍是一致）。

按〈哥林多後書〉這兩段相連的上下文，那根令保羅感到困擾的刺，在指到身體的痛苦外，也有可能喻指來自信徒羣體的攻擊。他描述這等人表面看起來光明正大，滿口都是仁義的大道理，背地裏卻行事詭詐，從他們對保羅的閒言閒語中可見一斑：「他（保羅）的信又沉重又厲害，及至見面，卻是氣貌不揚，言語粗俗的。」（林後 10：10）加上保羅多次親口保證，不會在錢財上「累着你們」，反過來看，就是有人在羣體中挖苦諷刺保羅一行人，指他們來到哥林多教會，加重眾人在財力上的負擔，諸如此類。

這些人口中所講的道理，從他們的角度看，未必完全無理，他們對上帝國度的關心和熱情亦未必是假，但他們在人背後繪影繪聲的蜚短流長，卻是破壞羣體互信的毒藥，亦令他們所傳講的信息，說什麼弟兄姊妹要彼此守望、耶穌使我們的生命不再一樣、教會是聖潔的羣體，凡此種種，最終成為自我推翻的謊言。

一直以來，保羅都是一個惹火人物。在〈使徒行傳〉中一出場，就說他對殉道者司提反被猶太同胞亂石砸死心感喜悅，貫徹法利賽人的原教旨主義熱情，加入追捕、逼迫基督徒的行列。即使他後來歸信基督，但那曾逼害基督徒的黑歷史，要洗掉也非易事，一句挑撥離間的閒言，就可以燒光所有信任。而他本來的原教旨主義同胞，對他的叛變，也不可能視若無睹。大概，長期活在羣體的邊緣，使他對不同羣體在基督裏的共融，有更深的體會，不單成為他的召命，也讓他更理解耶穌基督被人排擠的刺痛。

這一根刺，不單刺痛着保羅，也刺痛着基督；這肉體，就是基督的身體，就是教會羣體。然而，當保羅再三祈求上帝叫這根刺離開，所得到的回覆是：「我的恩典夠你用的，因為我的能力是在人的軟弱上顯得完全。」

恩什麼典？夠什麼用？那些人明明在阻礙聖工啊，為什麼不除掉？

上帝以慈愛對待所有人，包括我們

按世界的慣例，解決問題最快的方法，是解決提出問題的人。在各自的陣營中，對方就是問題。你覺得對方在製造問題，對家也是一樣。把與我們不合的人除掉，這跟世界的做法有什麼分別？如果是一樣的話，這個羣體還說什麼基督的身體？說什麼分別為聖？還怎能當作可以獻呈的活祭？

在人的軟弱上，在這些爭執中，上帝的恩典和能力是要怎樣顯得完全？

耶穌曾在〈馬太福音〉中提到，上帝降雨給義人，也降給不義的人，所以我們要完全，像天父的完全一樣。按希臘文七十士譯本的譯法，「完全」這個字，在《希伯來聖經》是用來描述獻祭的祭牲「沒有殘疾」，是完整的。如果順着這個意思，完全的意思很可能是指向完整、完滿，於是上帝降雨是包括所有人、全部人，包括與我們不同，甚至敵對的人。

上帝深愛這個受造世界。祂的拯救，是要透過重新創造我們的心，使我們成為新造的人，以此重新創造新的社羣關係。罪從一人的悖逆進入世界，在關係網中散播，也要從一人的順從開始，從十字架上擴散，在關係網中攔截。每一個願意遵行祂旨意的人，就是祈願上帝旨意行在地上如同行在天上的人，都在學習以祂的慈悲對待一切生命，讓眾生在上帝面前，齊齊整整，無有遺漏。

上帝的慈悲，既是給敗盡老父家產的小兒子，也給終日抱怨老父偏心的大兒子。當我們以為只有小兒子在傷父親的心，其實大兒子也一樣。若是傷了老父的心，就要被趕走的話，我們無一倖免。我們以為錯只在對方，其實雙方都以不同方式，在天父的身上捅刀。惟有以天父的慈悲去愛這個與祂敵對的世界，我們才體會到，上帝以怎樣的慈悲包容我們這班忤逆子女。

我們常問，上帝啊，看見惡人當道，你不懲治他們嗎？怎麼他們似乎愈混愈得勢？如果你是公義之主，怎能容忍他們的惡行？或許，正是連這樣的惡人，上帝也給他們降雨，也想挽回他們，我們才慶幸自己沒有被趕絕。就像〈雅各書〉所說，那些不憐憫人的，也要受無憐憫的審判。當我們的義憤燒光我們的慈心，對邪惡的忿恨把我們對人的憐憫也驅散，審判台前的那把尺就同時被置換了，我們也成為自己口中的惡人；如果有差，那也只是五十步和百步之別。愛仇敵，從最低層次去講，只是在保護我們最終不被滅絕而已。

或許有些人仍會忿忿不平，覺得這樣的人也能上天堂的話，我寧可不要了。或許我們先別衝動。一來《聖經》說的「進天國」不等於「上天堂」，二來若上帝與祂的國度是世界最後且唯一的真實，這等苦待眾生的人，要如何永恆地面對公義之主？

有人的地方，就有問題。寄生在關係網中的這根刺，是殘缺世界的現實，或深或淺，或遠或近，或大或小，我們都必須面對；然而感恩的是，靠賴上主的恩典，我們是更明白天父的心腸，更看見上帝挽回眾生的旨意，更知道自己的有限，更體會祂的完全，更清楚祂對我們的心意。

3-5 關於跑步，我想說的其實是……

23 你唔好以爲我周圍
同人講嘢，就當我唔
係做緊嘢先得㗎，我
做乜都係爲咗傳福音
㗎咋。24 就好似跑步
比賽噉，你唔向住終
點跑，點會有機會攞
獎呀？25 比賽梗係有
規有矩㗎啦，啲人爲
咗個爛鬼獎盃都搏晒
老命，更何況我哋要

爭取嘅，係永遠唔爛
嘅獎盃㖞，26 所以我跑
步就唔會左望右望，
打拳亦唔會對住空氣
打。27 我操練身體，
目標係好清晰，就係
要做好服侍嘅準備，
以防我傳福音畀人，
自己反而甩轆脫腳，
未吹雞就離咗場。

〈哥林多前書〉9 章 23 至 27 節

和合本經文

23 凡我所行的，都是爲福音的緣故，爲要與人同得這福音的
好處。24 豈不知在場上賽跑的都跑，但得獎賞的只有一人？你
們也當這樣跑，好叫你們得着獎賞。25 凡較力爭勝的，諸事都
有節制，他們不過是要得能壞的冠冕；我們卻是要得不能壞的
冠冕。26 所以，我奔跑不像無定向的；我鬥拳不像打空氣的。
27 我是攻克己身，叫身服我，恐怕我傳福音給別人，自己反被
棄絕了。

〈哥林多前書〉9 章 23 至 27 節

我不特別喜歡運動，跑步更是從小就怕，起初幾分鐘還可以，時間一久就上氣不接下氣。

很多年前，我也試過湊興，跟幾位同事在午飯時段一起跑步，但連兩公里也不到，已氣喘如牛，不得不停下來，看着其他人遠去。也許這個經驗太不好，往後的幾年，我也沒再跑過。

從小就在貧血邊緣的我，一直以為，自己是因為運動做得不夠，所以身體不夠好。後來驗血時才發現，原來我遺傳了地中海貧血的因子，血液中紅血球數量多而體積細，血液送氧能力較低，很多時一走得急就有點喘氣。

當身體條件在這方面不特別優越，記憶盡是痛苦，做運動的念頭和動力自然也不高，就像不愛閱讀的人，一拿起書就覺得書頁上的字會飛，會在一行字與另一行字之間走來走去。

然而，命運總愛給人一點意料之外。

一切從四公里慢跑開始

有次下午茶聊天，席間一位前輩忽然談到做運動的重要：「如果沒有運動，不好好照料身體，你哪有力氣繼續事奉上帝啊？」那一刻，真有種當頭棒喝的感覺。

不是說體弱多病的人不能事奉上帝，而是如果認真看待自己的使命，我有為這副軀體做過些什麼，好讓自己能更神清氣爽地為天國盡力？如果我連動一根指頭也不去嘗試，我的認真到底有多真？

於是，雖然很不情願，我也再看看有哪種運動比較適合自己——即使是從小就怕的跑步，也在我重新考慮之列。

決定再跑的那天，我給自己買了一雙便宜的跑鞋。隔了幾天，我自顧自的再次開跑，過程不算很愉快順利，都是跑一會、行一會，總算完成了四公里。跑完後是有點腳軟，但感覺上，沒有之前那麼氣喘。至少，第一段兩公里能一口氣跑完。

然後，雙腿瘻了三天。

隔了一個星期，再跑。這次的感覺比之前好一點，慢下來後再跑的第二段，開始感受到某種節奏，但中後段仍是無以為繼，兩三公里之後大致一直沿路行回終點。這一天，仍是四公里。

之後，工作趕忙，很多天都趕夜班，睡得太少，差不多一個多月沒有再跑。看着擱在一旁的跑鞋，心中不免有點愧疚，於是硬着頭皮再試。這次大部分時間都在捱，之前感受到的那些節奏，一去不返，完全是力不從心。

慢慢地跑，領略長跑的智慧

在我打算完全放棄之際，遇到了午間跑步團的常客同事 A。A 因為剛剛跑完澳門馬拉松，為了讓雙腿能休息，打算跑一課輕鬆的腳程，就陪我跑了一程，一段讓我學習了很多的四公里。

首先，開跑沒多久，他就說，我跑得太快。

關於這一點，我是困惑的。我一直以為自己跑得很慢，但原來這是我主觀的感覺，相比起客觀的觀察，是兩碼子事。如果旁邊沒有人觀察，單憑我一個人，是很難發現的。

「有一個指標你可以參考，」A 一邊跑一邊說：「當你可以一邊跑步一邊說話，這個速度就是了。」

A 繼續給我一些有關長跑的知識。原來，跑一次步，狀態大約可以維持三天，這三天再跑，體能就可以保持，再作提升，雙腿也不會瘦那麼久。

又原來，對於我們這些初學者，最重要是 L、S、D——L，是 Long，指的是跑的時間要夠長；S，是 Slow，即是要跑得夠慢；D，是 Distance，意思是要跑得夠遠。

一直這樣子跑下去，A 說我們的身體會慢慢調節適應。據說，一些長期跑步的跑手，肺部的微絲血管會增加，有助跑手血液的帶氧能力，每吸一口氣都能為血液供應更多氧氣。

如果以天路作類比，這些來自長跑的智慧，正好給我們貼心的提醒。

過去教會圈子很多人都追求一些很搶眼球的事工，講求效率與聲勢，但近十多年來，更多人看重信仰在日常生活中的價值觀轉向，強調水滴石穿的耐性，與長跑入門一樣，都是要同行的時間夠長，要慢慢地不催迫，要走更遠的人生路。

如果我們為了完成教會各種偉大的使命，人人追追趕趕，用各種問責的手段去跑宗教業績，眾人連講說話都沒有心力，上氣不接下氣，這條還是不是走向耶穌基督的天路？

教會作為基督的身體，只要對準天國，只要一起跑的時間夠長，跑的速度夠慢，跑的路程夠遠，首先帶來的改變，是我們羣體體質的更新。

跑友經常提及一句格言：一個人跑，跑得比較快；一班人跑，跑得比較遠。若套用在教會羣體，豈不異曲同工？

透過不同角度，互相補足盲點

與一班人跑步，總能見到不同類型的跑手。對跑步這運動既專注又認真，A 真的令我肅然起敬。

A 和我是兩種很不同的人。除了體能上的差異，我這個人個性粗枝大葉，做事隨性而為；A 則十分細心，做事仔細，思考周密，日常生活極有規律，長跑這種肢體動作不斷重複，需要專注調節身體韻律的運動，真的很適合他。

這不是說，從事創作的人與跑步無緣；相反，跑步那段獨個兒面對自己的時空，似乎也是許多創作人思考的空間，例如村上春樹。

每天按時起牀、運動、寫作的村上，曾寫過一本文集，叫作《關於跑步，我說的其實是……》。就像原書名那樣，他直白地寫下「我談跑步時我是在談什麼」的體會，包括他與疼痛肌肉的對話，以及他在每天晨跑中體會出寫小說的方法。

只是這種運動始終不太適合我，我最終也沒有選擇跑步作為鍛煉身體的運動，但這段經歷，把我帶離了家中的四面牆，重拾我十來歲時的散步習慣，每個週末都抽出一個下午定時運動，來一趟大約十公里的路程。

正如運動於我是異域體驗，正如 A 和我仿似來自兩個不同的星球，這些我們不熟悉的人事物，往往能給我們新的角度、新的經驗，補足我們的盲點，開展我們的眼界。

有時候，我們的眼裏只有某個目標，卻沒留意追求的過程原來給我們留下了禮物。有時候，我們會因為一些先入為主的想法，以為事情若不照着自己的計劃發生，就是徹底的失敗，卻不知塞翁失馬得馬之後的禍福。有時候，我們只愛聽那些和我們一樣的人的意見，把「你不會明白我」掛在嘴邊，把別人推得遠遠，卻不曉得他們在天國中不可或缺。

也許，正正是那些與我們不同的人，讓我們看見這世界上有人會從這個角度看事物，從而帶給我們新的看法。也許，正正由於失敗過，我們才發現跌倒並不是世界的末日，分岔路上有另一片天空。也許，正正由於上氣不接下氣，我們才留意到，即使是充滿限制的人生，沿路也有專屬的風景，合併起來，整幅圖畫才更立體和完整。

保持內心的開放，往往會有意想不到的收穫。

人文學科經常提到他者的觀念，用來提醒我們與不同的人和文化交往時，要尊重彼此的不同，不要把自己的一套強行應用在對方身上。有時這些觀念，講出來有點學究，但當人在具體的場景中，體會這種因為彼此的不同而帶來的差異（甚至張力），然後在具體的相處中學習欣賞對方，對羣體的塑造原是有莫大的益處。

這樣說不是要抹除困境的真實。喘氣的痛苦，發瘮的痛苦，不會因為看見風景的壯麗而變成不痛苦；要緊記的只是，不要以為痛苦能奪去我們的一切，在與我不同的人身上，有突破我們的盲點、打開我們眼界的關鍵。

18 情況就係噉：因爲有條友做錯事，搞到我哋個個都好頭痕，日日面對罪惡同埋死亡嘅威嚇；而另一個人就做啱咗，令到我哋唔使再揸啲衰嘢，可以做番個人有番條命。[19] 簡單啲講就係，有人同上帝 Say no 於是搞到一鑊泡；有人同上帝 Say yes 於是乜都搞番掂。[20] 乜都用法例處理，有乜用呢？咪搞到啲人乜都犯晒法？噉嘅法例最多只係令人驚死啫，有鬼用咩？當你大大力畀機會人重新滋過，等啲人唔使日日諗自己係咪犯法，呢啲恩典先至係生路囉。[21] 地上嘅君王，係用定罪用死刑去使人屈服，要你擔驚受怕；而上帝就透過耶穌基督，用恩典用公義去令人臣服，幫我哋打開一條直到永遠嘅生路。

〈羅馬書〉5 章 18 至 21 節

和合本經文

18 如此說來，因一次的過犯，眾人都被定罪；照樣，因一次的
義行，眾人也就被稱義得生命了。19 因一人的悖逆，眾人成爲
罪人；照樣，因一人的順從，眾人也成爲義了。20 律法本是
外添的，叫過犯顯多；只是罪在哪裏顯多，恩典就更顯多了。
21 就如罪作王叫人死；照樣，恩典也藉着義作王，叫人因我們
的主耶穌基督得永生。

〈羅馬書〉5 章 18 至 21 節

不知道其他人的家庭聚會是不是這樣，童年時我家親戚聚頭，大人們總是圍着麻將枱，大聲地說笑，大聲地吐出許多我不明所以的麻將術語。

除此之外，祖父那時也會帶着仍在讀幼稚園的我，一起去同鄉會和他的鄉里聯誼。所謂聯誼，就是一個又一個的賭局。骨牌類的天九麻將當然有，十三張這種快上快落的撲克牌局也是隨處可見。看着大人們聚精會神，一副花盡腦汁要勝過對手的緊張模樣，即使我無法理解，似乎也想像到這些遊戲應該幾刺激幾好玩。

那陣時不知道，這些玩意可以讓人有多沉迷。

不以一套硬道理為絕對

我是很後來才知道，原來不單我的祖父好賭，聽說祖母也曾把買餸錢拿去買字花。那時我年紀太小，看着祖母的買餸錢是由祖父每天分發，還以為純粹是因為祖父吝嗇，今天看來，中間可能有許多我不理解的原因。

當時的字花，就像民間自辦的六合彩，低至一毫子已可下注。在當時人口大概三百萬的香港，有人曾推算，買字花的人口可能高達五十萬，涉及的利益可想而知。字花檔每天從總部收取指示，在三十六個號碼中開出一個得獎號碼，幕後大莊家會提供模稜兩可的提示，吸引人向某些選項落注，開出一個少人落注的號碼，最後莊家通殺。

到底，賭博的吸引力，是在什麼環境下產生的？聽母親說，經歷過第二次世界大戰的祖父母，年輕時捱得十分辛苦。在戰亂中提着水桶，去到僅存的街喉排隊取水，回家後聽說人龍附近剛巧遇到轟炸，這些事情並不罕見。

活在大時代，生死只差一線。祖母雖然曾讀私塾，但祖父目不識丁，做買賣是最簡單的謀生方法。為了三餐一宿，祖父母會翻山涉水，往返香港廣州等地做買賣，而我父親就是在這樣的日子中出世。

捱過戰亂，戰後的香港百廢待興，祖父繼續以做小本生意謀生。做生意，沒有一成不變的通則，判斷對手的虛實，靈活求變，看準時機出擊，這些經驗和賭局都很相似。加上賭局要求的集中力，能給人一個抽離現實的機會，所以，他們好賭，實在不難理解。

當賭博成為一種家庭氣氛，要扭轉也不是易事。去到我這一代，雖然我也差點迷上賭博，可幸還有母親，她的教育成了我適時的提醒。

我媽雖然懂得打麻將，有時親友「三缺一」時，也會參與其中，但她似乎把打麻將這回事，只集中在聯誼聊天之上。那些輸贏的爭競、金錢的利益，彷彿不是重點。關於賭，她有時會引用祖父另一句「名言」:「要賭的話，鹹脆花生都可以用來賭（單雙）」，結論不是什麼都要拿去賭，而是把重點轉向自我節制——賭博是一種心癮，假如你管不住自己的心，即使出盡法寶，也沒法阻止一個人去賭。

要明白我媽的智慧，最後還是要靠親身體會。

中學時，我有些好賭的朋友，一有空就會玩「鋤大弟」。當時這種撲克牌局相當流行，就連公益金也試過用來舉辦慈善籌款比賽，可見風氣之盛。那時，我參與朋友之間的牌局，鬥智鬥力鬥運氣，有時輸有時贏。

記得有一次，我在牌局上運氣奇差，出盡所有技法都無力回天，輸得很慘。在那密閉的房間，時間與精神在無意識之間溜走，像被一股漩渦般的吸力，捲進深淵，愈陷愈深。當牌局結束，我踏出門口的一剎，我感受陽光的燦爛、天空的開闊，忽然想到剛才賭局中的沉溺，不禁自問，到底我在幹什麼？我的心渴想哪裏？母親的說話再一次響起，就像守護天使的叮嚀。

那一刻我跟自己的心說，以後都不要再賭吧。

母親的出現，打斷了賭博在我身上的轄制。她柔和地展示出自己與別人的不同，給我們帶來與家族傳統相異的經驗，讓我們這一代埋下跳出漩渦的伏線。

與世界相異的道，進入充滿軟弱的肉身

在層層相扣的關係網中，很多事情的發生，往往在互動中互為牽引，在互動中推向某些結局。有時會想，如果母親只是嚴厲地限制我們接觸賭博，結果會有什麼不同呢？我想我可能會想盡辦法躲過母親的監管，甚至把貓捉老鼠般的刺激當作遊戲的一部分，成為第二層的賭博，賭會不會給母親發現，然後愈賭愈沉迷。

有時我覺得，母親對我們的教育，很像耶穌所做的。耶穌對個別門徒的教導，很多時都要他們自己想想，我媽也經常要我們自己思考，想想什麼叫對，什麼叫錯。那不是一種強勢的命令，而是要我們以自己的思路去明白當中的道理，建立道德自我的主體。有時，我們未必如母親所願，但她也不會硬來，只回說：「你諗你啦，自己考慮吧。」

這樣的家教，沒有強求別人絕對服從，讓我習慣對人留有空間，尊重別人的主體性，道理也不會說得太絕對。

從母親的身上我發現，如果沒有愛，道理就只是一條索命的咒

詛，以愛之名勒死所有關係。

很多時，基督徒自以為擁有真理，把事情推向絕對，把黑白說得太死。這樣說不是要否定是非對錯的存在，只是我們許多人都太快下判斷，還沒聽清楚就以為自己聽懂了，以為自己睇通睇透，輕看了世情的複雜，急於維持某種道德規範的秩序，把耶穌當作一套絕對的理論，硬套入所有人間處境。

我們人生所遭遇的事，特別是碰上各種困境和苦難後，往往令人更深明白到，站在不同的位置，我們對事情的理解可以大異其趣。這種血肉和肌理，使我們感受到，世界不是那麼簡單，正如顏色有不同層次，苦味也不盡相同。

當我們說，苦難能使我們更緊密相連，中間的因果並不是那麼直接的。只有當我們因為經歷過苦難，經歷過跌倒和掙扎，少一點自以為是，多一點謙卑聆聽，讓前塵往事教導我們放下身段，讓血淚糾纏攔阻我們的高言大志，從而對人有多一點體諒，在所謂的壞習慣、不道德中，看見生命的受壓，看見我們所有人都被罪惡所困，無一例外，人與人之間的關係才有機會進深。

要打破這個困局，更多的指責，不會帶來幫助，有時反倒加深彼此的鴻溝，在你以為正在為上帝做大事的時候，實質背向天國的願景，成了天國的敵人，把關係推向窒息，把生命推向死地，把死結索得更緊。

道成了肉身，是異質的介入，是鬆綁的介入，是溫柔的介入，是與世界根本地不同的介入。

這個世界有一套行之有效的硬道理，不單建立起各種規範和秩序，同時建立起各種成見與偏見。既說是道理，就代表當中總有言之成理的地方。順着這套道理，權位的升降、榮辱的得失，都有各自的理據，從而構成我們對成功和失敗的理解。當這些價值進入教會，在羣體中擴散，信仰也就變得墮落，變得與世界一樣。

當中最令人困擾的，往往不在於有沒有道理，而是這個道理究竟會帶來一個怎樣的結局？這個結局能否讓個人以至羣體，更深明白道成肉身的上帝？更體會祂的心意？更反映上帝的美善？甚至讓人更意識到，創造生命的主宰才是最終的掌權者，而不是世上那些成功標準？

世界的硬道理是要人死，好使權勢能在威迫利誘中統管一切，使萬民在恐懼中下跪；而上帝的恩典卻是要人活，要人能有一個改過自新的機會，從而恢復生命的自由和美善，逆轉凡塵俗世的必死和朽壞。

面對根深柢固的超穩定結構，世界的硬道理即使有一刻被強攻打破，下一刻也能死灰復燃；今天勝了一場戰役，明天隨時輸掉整場戰爭，被世界的硬道理奪回失地。而耶穌基督的道成肉身，則從根本處改變世界的根基，演活天國的價值，在每個細微的抉擇中對抗世界的侵入，並藉着聖靈，讓這個轉變，在我們的生命中持續更新，在社羣關係網中擴散。在每個跟從聖靈微聲指引的人中，持續轉化每個生命，成為新的天國異質，介入每個時代，進入每個處境。

3-7 讓小孩子試驗我們的真誠

13 有啲人想帶啲細路
去耶穌身邊，希望佢
同啲細路按手祝福，
門徒一見到就即刻趕
佢哋走。14 耶穌睇見
班門徒噉對啲細路就
谷鬼氣，同佢哋講：
「你哋唔好企喺我哋
中間阻住晒，畀啲細
路仔過嚟我呢度，因

爲佢哋係天國生命嘅
核心。
15 我老實同你
哋講，邊一個都好，
如果佢唔係好似啲細
路仔噉樣接受天國，
唔使旨意入到去。」
16 然後耶穌攤開雙手
攬實佢哋，爲佢哋按
手祝福。

〈馬可福音〉10 章 13 至 16 節

和合本經文

13 有人帶著小孩子來見耶穌，要耶穌摸他們，門徒便責備那些
人。14 耶穌看見就惱怒，對門徒說：「讓小孩子到我這裏來，
不要禁止他們；因爲在上帝國的，正是這樣的人。15 我實在告
訴你們，凡要承受上帝國的，若不像小孩子，斷不能進去。」
16 於是抱着小孩子，給他們按手，爲他們祝福。

〈馬可福音〉10 章 13 至 16 節

華人社會很重視教養。我們從小就要學習成為一個有教養的人，說話要有禮，長幼要有序。然而所謂有教養，很多時只強調如何擺出一副配合眾人期望的姿態，一站出來就能背誦詩詞歌賦，一開口就是早晨午安謝謝你。至於是否真的對人心懷感激，是否對文人雅士共鳴有感，往往不是重點。

一副社教化的面孔，與真實生命之間的落差，是如何產生的呢？我們起初的真誠，是在何處失落了？

有一次，跟幾個有小孩子的家庭一起聚餐，席間自自然然又談起育兒管教的話題，其中提到和孩子在戶外遊玩的經歷。大自然的生態系統，一環扣一環，有花草有果實，就自然會有昆蟲

有雀鳥；有木棉花的艷麗緋紅，就自然會有木棉的紛飛棉絮。有你喜歡的東西，也有你不喜歡的東西。

在危急的時候，看見最真實的自我

當說到屋苑平台的花圃時，小朋友興奮地說當時看見一隻小鳥，停在樹枝上。小朋友的父母接着說，孩子唸唸有詞，唸出白居易的《鳥》，「勸君莫打枝頭鳥，子在巢中望母歸。」

當大家正興高采烈地讚賞小朋友又乖又叻，說到要怎樣保護小動物的時候，一隻蜜蜂不知從哪個窗戶的縫隙，溜進屋子裏去。

立時間，從小到大，所有人無不緊張起來，小孩躲進爸媽的懷抱，不斷喊叫：「好驚呀！好驚呀！」父母即時瞪起金睛火眼，監視蜜蜂的一舉一動，隨着牠的去向，眼球上下左右地緊隨，擋在孩子前面，驚懼戒備的氣氛，如臨大敵，生怕蜜蜂飛近孩子。

大家前一秒口中的萬物有情，下一秒已一掃而空。

父母保護小孩，天經地義，我絕對不會質疑。為人父母，不想孩子經歷無端的痛苦，也是十分自然。小時候我也曾被蜜蜂螫過，的確很痛，如果身體有過敏，也可能有一定危險。

我在意的只是，我們的緊張，我們的驚慌，會不會太過誇張？誇張到超過我們的理性，甚至否定我們在孩子身上着力培育的美善？

一切反應的背後，說明了我們真正的想法——就算我們平日常常帶小孩親親大自然，教導他們萬物平等，但當我們遇上溜進家中的小昆蟲，激烈的反應可能會令小朋友接收到相反的信息。

例如，下次見到蜜蜂時，也會期望儘快將牠消滅。

學習小孩子的真誠，表裏如一

當有突發事情發生，當我們的反應被情緒支配，我們的心思意念，以至背後的價值觀和世界觀，就會如實地呈現。無論你之前說過什麼，這一刻都被掩蓋。小孩印象最深刻的，往往就是這些帶着強烈情感的瞬間。

就算沒有口出惡言，就算沒有尖叫失控，那一刻所呈現的驚懼、擔憂，甚至嫌惡、苦毒，很多時都會隨着情緒，反映在我們的表情和肢體動作之中，或是眉頭一皺，或是嘴角收緊，或是瞳孔擴張，或是忽然縮手，或是咬牙切齒，小朋友都一一看在眼內。你以為自己掩飾得很好嗎？你想想自己小時候看過什麼、會想什麼、會記住什麼，大概也相差不遠。

同樣地，就算你沒有逐一說明，當你從心底裏為到美好的事情快樂興奮，或為到別人的遭遇感觸落淚，又或因為看見扭曲人性的歪理而義憤填胸，這對小朋友來說也是強烈的生命教育，說明你會為到什麼事情着緊。

就像，我已忘記絕大部分中小學老師在課堂所教過的東西，但我會記得某位老師分享甲骨文時的興奮，某位老師為到國殤而哽咽，某位老師為到社會的不公咬牙切齒，某位老師分享世界見聞時雙眼放光。

說到底，那真正教育着孩子的，不是我們的言語，而是我們的為人，或者更確切地說，是那深藏在我們個人生命中最真實的自我。

如果孩子和父母都表裏如一，人前人後都那麼善良，自是一件好事。然而，很多人習慣在人前有一套標準，一轉身就一臉厭惡，而這正是問題所在。

在教會中熱心服務，一回到家就飯來張口，只要求家人服侍；又或在眾人面前大聲疾呼要對上帝有信心，等待上帝的帶領，一轉身就出盡法寶為自己籌謀後路，惟恐上帝給出一個不符期望的答案……凡此種種，你到底着緊些什麼，一起生活的家人都一一看在眼裏。

有時在一些講座中被問及，怎樣令孩子多點閱讀，我總會反問，你平時有多常閱讀？雖然，即使你書不離手，孩子的選擇也未必跟你一樣，但至少，他們知道你真的覺得閱讀很重要，甚或很有趣。

放在其他事情也是一樣。你對那些沒法回報你的草根階層有禮和善，孩子就知道你是真心對人好；你在沒人看見的荒山野嶺，不嫌麻煩地把垃圾帶落山才妥善處理，孩子就知道你說要關愛上帝所創造的大地蒼生是真的。

在福音書中，耶穌提到小孩子的地方有兩處，皆以小孩子在世人眼中沒有地位來說明，大與小，高與低，在上帝的國度，觀念正好相反。讓孩子親近你，學習蹲下來去接待孩子，能幫助我們約束自己對名譽地位的自恃，指引我們走往天國的道路。

因為在天國裏的指路人，不是地位顯赫的社會賢達，不是一呼百應的意見領袖，這些人都跟天國之道無關，你從他們身上得到多少好處，都無助你前往天國的道路。天國之道，只在乎我們如何謙卑接待無權無勢的人，只在乎我們生命的真實反映。

小孩子的真，是上帝給我們的禮物，提醒我們不要成為虛偽的人。因為虛偽的人，就是心懷二意的人，就是不能清心的人，他們通往天國的道路，遙不可及。

如何對待小孩，也是我們天國生命的試金石。我們真誠對待孩子，孩子就會以真誠回應——即使那些回應有時會令人感到被冒犯、被頂撞，但這一刻我們如何回應，我們到底是真是假，在此就會顯露無遺。

3-8 全宇宙都聯合起來指引你

1 摩西嘅外父葉忒羅,
係米甸嘅祭司，摩西當
時係幫佢看羊。有一
日，摩西放羊放到去沙
漠西面嘅何烈山。2 忽
然，上帝嘅使者喺一
堆矮矮地嘅荊棘之中顯
現，最神奇嘅係，啲荊
棘明明有火光射出嚟,
但又無燒着到。3「嘩,
噉都得？點解無燒着

嘅？」摩西望住啲火
光，諗極都諗唔明自己
望到啲乜。4 上帝見摩
西想行過去，就喺荊棘
堆開聲叫住佢：「摩西！
摩西！」摩西一聽即刻
秒答：「係！我喺度！」
5「你唔好行過蒞。呢
度係聖地，即刻除咗對
鞋。」6 上帝同摩西講，
「我係你阿爸嘅上帝，

係亞伯拉罕嘅上帝，以
撒嘅上帝，雅各嘅上
帝。」摩西一聽見，驚
到即刻遮住塊面，唔敢
望過去。

7 上帝繼續講：「我嘅
子民畀啲埃及人不斷奴
役，求救咗好耐，我已
經見到嘞，我已經聽到
嘞。佢哋有幾痛苦，我

全部都知道。8 我蒞，
就係要從埃及人嘅手上
救佢哋出蒞，帶佢哋去
一個好地方，嗰度一望
無際，不愁飲食，正到
無倫，而迦南人、赫
人、亞摩利人、比利洗
人、希未人、耶布斯人
正正就住喺嗰度。9 我
嘅子民依家眞係好慘，
日日以淚洗面。10 我之

所以搵你，係想你代
表我去見法老，將我
嘅子民從埃及帶出嚟，
離開嗰個奴役佢哋嘅地
方。」11 摩西聽完心都
離一離：「吓？我喎？
我乜水呀？你覺得我可
以做到咩？咪玩啦。」
12「唔使驚喎，我實會
傍住你。」上帝派晒定
心丸：「嗱，噉啦，我

應承你，我包你會帶我嘅子民出到落，去番呢個山敬拜我。」

〈出埃及記〉3 章 1 至 12 節

和合本經文

1 摩西牧養他岳父米甸祭司葉忒羅的羊羣；一日領羊羣往野外
去，到了上帝的山，就是何烈山。2 耶和華的使者從荊棘裏火
焰中向摩西顯現。摩西觀看，不料，荊棘被火燒着，卻沒有燒
毀。3 摩西說：「我要過去看這大異象，這荊棘爲何沒有燒壞
呢？」4 耶和華上帝見他過去要看，就從荊棘裏呼叫說：「摩
西！摩西！」他說：「我在這裏。」5 上帝說：「不要近前來。
當把你腳上的鞋脫下來，因爲你所站之地是聖地」；6 又說：「我
是你父親的上帝，是亞伯拉罕的上帝，以撒的上帝，雅各的上
帝。」摩西蒙上臉，因爲怕看上帝。

7 耶和華說：「我的百姓在埃及所受的困苦，我實在看見了；他
們因受督工的轄制所發的哀聲，我也聽見了。我原知道他們的
痛苦，8 我下來是要救他們脫離埃及人的手，領他們出了那地，
到美好、寬闊、流奶與蜜之地，就是到迦南人、赫人、亞摩利
人、比利洗人、希未人、耶布斯人之地。9 現在以色列人的哀聲
達到我耳中，我也看見埃及人怎樣欺壓他們。10 故此，我要打
發你去見法老，使你可以將我的百姓以色列人從埃及領出來。」
11 摩西對上帝說：「我是什麼人，竟能去見法老，將以色列人
從埃及領出來呢？」12 上帝說：「我必與你同在。你將百姓從埃
及領出來之後，你們必在這山上事奉我；這就是我打發你去的
證據。」

〈出埃及記〉3 章 1 至 12 節

《牧羊少年奇幻之旅》中有一句說話，常常被人引用：「當你真心渴望某件事時，全宇宙都會聯合起來幫助你。」

放在小說的脈絡，這是一句鼓勵牧羊少年踏上旅途的說話，不少人也因着這句說話得到鼓勵；然而，當我認真細想，假如全宇宙真的聯合起來幫助我，那會是怎樣的重量？我會怎樣承受這重量？

我想起幾位前輩的故事。

在幽暗的地方，看見光明的存在

上世紀七十年代初，《突破》雜誌從蘇恩佩、蔡元雲醫生和一班年輕義工手中誕生。從回溯的角度，一切都順理成章，後來的發展，也印證了起初的祈禱和感動；但若從那個充滿未知和冒險的時間點，順着向前看的話，種種巧合都令人一再嘖嘖稱奇。

就說恩佩和蔡醫的相遇吧。蘇恩佩從新加坡回到香港養病，一般來說，癌症病人理應儘量休息，但她看着這個逐漸發展的城市，在紙醉金迷的風光背後，吸毒、賭博、色情、黑社會等問題，正在蠶食青少年的心。

疲弱的身軀，攔阻不到蘇恩佩對世界的關懷，她直走向當時被稱為「三不管地帶」的九龍城寨。蘇恩佩在〈他們也有靈魂〉中寫下，她跟着朋友德去到九龍城寨和澤琪相遇的故事。澤琪，就是一直在九龍城寨宣教、陪伴吸毒者重建人生的潘靈卓（Jackie Pullinger），而蔡元雲醫生與蘇恩佩的相遇，也是在那裏。

有一次跟蔡醫的兒子暉聊天，提起蔡醫那次去九龍城寨，原來是去主持一個福音戒毒講座。他看見席間有位女士站在一旁，散發着與環境截然不同的氣質，就跟她攀談起來。當他發現眼前的人原來是蘇恩佩，就繼續談到她的小說《仄徑》，談到她在台灣《校園雜誌》的文章，也談到他們對這個城市青年人的關心。

九龍城寨是一個什麼地方呢？自滿清政府覆亡後，持續內戰，令九龍城寨的管治權一直懸空，出現所謂「香港政府不敢管、英國政府不想管、中國政府不能管」的情況。有些人為了逃避警察的追捕，會逃到九龍城寨；也有些人會利用這法外狀態經營非法事務——由黑社會控制的販毒賣淫賭檔固然令人驚懼，無法拿到合法牌照的牙醫在那裏也找到謀生之所。

那裏固然充滿幽暗的勢力，同時吸引了許多心中充滿善念的人，在那裏相遇相知，會聚成一股向善的力量。城市的惡念在哪裏匯流，全宇宙的良善也在那裏照耀，指引着每一個尋找光明的生命。

那充滿萬有的良善，是真實的；同時，那侵蝕生命的力量，也絕非等閒。當蘇恩佩看見這些失落的生命，腦內正悄悄興起辦一份雜誌的念頭，然而看着自己那需要養病的身軀，內心不無掙扎。

當宇宙的主在呼喚

在〈這一代的先知在哪裏？〉，蘇恩佩這樣寫着：「本地的基督徒應該聯合起來辦一份有水準的刊物，在社會上發出基督徒的聲音。我們不是可以藉這份刊物給迷失的青年指出方向，建立正確的價值觀嗎？——只有在耶穌基督裏才可以找到真正的方向和價值觀……早在幾個月前另一小撮有異象、有負擔的弟兄姊妹就向我提過辦這種刊物的事。我猶疑着。我深悉這種事情牽連有多大。可是當裏面的聲音繼續催逼，我就沒有選擇的餘地。就這樣，我們在能力範圍之內肩負起『先知使命』。」

無論是什麼年代，出版工作都是極度燃燒生命的行業。也許因為我也是從事出版，當蘇恩佩說到「我深悉這種事情牽連有多大」時，腦海盡是背後的通宵達旦、廢寢忘餐、爆肝燒腦，而且是持續不斷地年終無休。別忘記蘇恩佩本來是回港養病的啊，由此可以感受到，這催逼的聲音是何等的大。

當全宇宙都聯合起來指引你，亦即是，來自全宇宙的力量，正在把你推向一個位置。啊，我們這種有限的存在，如何能接得住呢？

可幸的是，個人的生命雖然有限，但如果這個指引是來自上帝，與這指引共鳴的，必定不止於一人，就像恩佩與蔡醫的相遇，以至因着這份刊物而投身的每一位，他們都聽到這催促的聲音，把自己能貢獻的一份擺上。

每念及此，那句在崇拜禮儀中念誦的「我信聖徒相通」就變得立體起來。當我們選擇從世俗中分別出來，跟隨基督，以天國的事為念，就與歷世歷代選擇如此回應上帝召喚的人相通。他們有些是活在聖經時代的人物，有些是在風起雲湧的年代幹出一番事業的人物，有些是只比我們稍稍走前一步的前輩。

我們在前人所踏過的台階上，印上我們的足跡；然後，我們的足印，成了後來者的鼓勵。上帝使我們互相效力，一代人過去，一代人上前。

有時環境的幽暗使我們看不清身邊有誰，有時世道的艱難亦使我們以為一切的努力已盡化飛灰，但如果我們相信，那呼喚我們的是創造宇宙萬物的上主，全宇宙就必定會聯合起來指引我們，引導我們走上義路。

是的，單靠我一個人，能做到什麼呢？能做到多久呢？但既然這是上帝叫到，祂總會為自己的事情包底，在祂的子民中興起願意跟隨的人，為天國擺上自己。

這是你嗎？這是我嗎？也許，都是，只要我們願意。

結語：終於畀我等到喇

1 嘩！眞㗎？我唔係發夢吖嘛？2 呢次我眞係笑到見牙唔見眼呀！3 我哋畀人迫走咗咁耐，終於可以返屋企喇！上帝帶我哋返屋企喇！個個見到都嚟恭喜我哋呀！4 求你幫多我哋一次吖，上帝！就好

似乾晒嘅河有番河水
一樣。5 等嗰啲一直
忍氣吞聲嘅人，嗰啲
默默付出嘅人，有一
日可以大叫一聲「得
咗」！6 等嗰啲一直
頭耷耷眼濕濕嘅人，
有一日可以挺起胸膛
大叫大笑！

〈詩篇〉126 篇 1 至 6 節

和合本經文

1 （上行之詩。）當耶和華將那些被擄的帶回錫安的時候，我
們好像做夢的人。
2 我們滿口喜笑、滿舌歡呼的時候，外邦中就有人說：耶和華
爲他們行了大事！
3 耶和華果然爲我們行了大事，我們就歡喜。
4 耶和華啊，求你使我們被擄的人歸回，好像南地的河水復流。
5 流淚撒種的，必歡呼收割！
6 那帶種流淚出去的，必要歡歡樂樂地帶禾捆回來！

〈詩篇〉126 篇 1 至 6 節

在什麼也要看見即時果效的世界，「等候」聽起來好像有點愚蠢、有點無能，像為辦事不力找藉口。

但偏偏，等候，是我們的日常。

升中選校時，我想像自己或許初中畢業後就要打工養家，特意選了一家需要跨區上課的工業中學。那時的鐵路網絡不像今天四通八達，新開發地區的交通配套與人口增長不成比例，早上返工返學，輪候巴士的人龍有時會長得像神話中的神龍，一層又一層地盤纏出無法估量的身軀，見首不見尾。

那時有位自資創作非主流音樂的歌手叫夏金城，曾以等巴士迫巴士的經歷，寫出一首《迫巴士》：「陣陣沙塵昏昏吹／我日日等巴士好受罪／日日等到我暴跳如雷／我返工遲到要扣薪水／賺得只係濕濕碎／日日迫巴士只因冇水／死氣和沙塵滿鼻滿嘴／等到車來但迫唔上去」。基本上是許多人的共同經歷，加上當時不少公路還沒建成，塞車是日常中的日常，即使成功上車，還有等候巴士駛出馬路瓶頸這一關要捱。

不過，只要趕上了巴士，之後的事就不由我管，能做的事就只有等待。那時我常想，既然被困，既然要等，心急也是沒用，倒不如善用這個空檔，還來得實際。

在沒有智能手機，沒有無線上網的年代，在車上可以做什麼，對今天的人來說也許需要一點想像。最直接的，當然是睡覺或看風景，也有些女士在車上化妝，有些人食早餐，有些學生做功課，而我通常都是看書和思考。

在困難等待時，上帝一直看顧

我不知道自己的視力有沒有因此變差，但即使變差，我也很欣慰有機會讀這麼多書。這個強制我停留在某個時空的阻隔，雖然有時很磨人，但人有趣的地方在於，人心掙脫環境限制的力量，往往比想像中大。

人生在世，很多外在的限制，都是難以改變的。妄想以一己之力能挑翻世界，是太天真太傻。基督宗教起源於猶太民族，本來是一個在列國腳底下的弱小民族，國家因內亂而南北分裂，然後由北國到南國逐一被消滅，卻因相信與天地的主宰立了盟約，從而在各種國難中繼續懷抱盼望，一直等候，相信上帝有一天會還他們一個公道，抹乾他們的眼淚，洗刷他們的屈辱。

屈辱，來自現實的嘲弄。眼淚，來自傷口的刺痛。不公，來自道理的落差。這些苦情，不少詩人、先知，已向上帝多番陳明，而上帝通通看得見聽得見。無止境的等待，意志難免磨蝕，信心難免動搖。也因此，耶穌來，聖靈來，是要給我們憑據，是要給我們慰藉，表明上帝仍然看顧，叫我們不要輕易絕望。

在今天的困境和那一日的解困之間，我們要如何等待？

猶太人每年上耶路撒冷朝聖，踏着上山的步伐，唸着被稱為「上行之詩」的詩歌合集，其中有這一段：「當耶和華將那些被擄的帶回錫安的時候，我們好像做夢的人。我們滿口喜笑、滿舌歡呼的時候，外邦中就有人說：耶和華為他們行了大事！耶和華果然為我們行了大事，我們就歡喜」（詩 126：1 – 3）。

那一天的快樂，不是來自惹人發笑的冷笑話，而是來自多年的冤屈終得洗淨，終於可以理直氣壯地大聲喊叫。這快樂也來自一直期盼的夢想終於實現，有一股暖流由心底湧流，使人回復猶如初春的生氣。

這些流淚等候的日子，使那一日的歡呼聲猛烈地爆發。

心懷盼望，期待河水復流、歡呼收割的日子

詩人用了「南地的河水復流」形容這情景。從網上短片看，這真是一個令人印象深刻、嘖嘖稱奇的自然景象。所謂「南地」是指以色列中南部的沙漠地帶，在雨季以外的日子，河川一般呈乾涸的狀態，但當帶來秋雨春雨的雨季來到，河川一下子復流，大量雨水湧進河道，嘩啦嘩啦的，蓋過旱地。

雖然預計河水終有復流的一天，但看着乾涸的河道，河水遲遲未見影蹤，實在難以想像撒出去的種，是會有收割的一天。

教會文化常用「流淚撒種的，必歡呼收割」這句話，描述信徒為某人多年流淚禱告，對方某天終於認信耶穌時的歡呼。傳福音多年的對象願意信主，自然叫人興奮，但這樣的解釋，卻抽空了歷史現實的沉重，令人難以領略那如做夢一樣的開心，可以帶來怎樣的尖叫。

在南國猶大亡國後的幾百年，這篇詩提醒了眾人，不要失去盼望。在撒種後沒有即時收穫的失望眼淚中，上帝記念我們如何流着眼淚出去，答應我們有一天要歡歡樂樂地帶着禾捆回來。猶太人的宗教文化，和農業息息相關，四時更替是上帝行事的秩序；國族的興亡、人倫的關係，也同樣在上帝的手中。而身處其中，人所要學習的，就是在時間中等待。

當以色列人每年都回到山城耶路撒冷，每年都念誦上行之詩，每年都頌唱着那句「好像南地的河水復流」，情景就像四時的更迭。這個年復一年的儀式，把那隨着時間沖擦而日漸轉淡的感覺，在登山的汗水，在前前後後的歌聲中，具體地滲進身體，具體地刻入記憶。

年月的流轉，記載着創造的循環。枯葉掉下的蕭索，是化作春泥的養分；一粒麥子死了，會結出新的籽粒。斗轉星移，日月輪替，所謂黎明前的黑暗是最黑暗，是要提醒我們在黑暗至極的日子，記住旭日終會照耀。寒冬要過去，初春會回來，這是天父世界。創造的秩序，是要給人留下盼望的線索。

即使中間有多少對多少錯，人類要犯上多少次重複的錯誤，上帝的秩序，仍在祂的手中，仍由祂去掌管。

如果我們相信，這個上帝不獨是創天造地的主宰，也同時是公義憐憫的主宰，祂的秩序就不獨獨關乎自然的周期，也關乎人倫價值的法則。當看見秋雨春雨的降臨，那些景象就正在提醒我們，恩威並重的審判，有一天也要降臨大地。

人世間的生離死別，在上帝的秩序中，只如河川的乾涸。復流就是河道的復活，即使今天乾旱如死地，恩雨一來，萬物就要重生。

凡事謝恩，我真係覺得好難

作者 / 梁柏堅

策劃編輯 / 史曉晴

美術設計 / 西奈　kaisinai design

出版發行 / 突破出版社

香港沙田亞公角山路 33 號突破青年村

電話 ：2632 0000　傳真 ：2632 0388

電郵 ：breakthrough@breakthrough.org.hk

網址 ：http://www.breakthrough.org.hk

http://www.btproduct.com

2023 年 12 月初版 1 刷

2024 年 6 月初版 2 刷

Give Thanks with a XXXX Heart

By Leung Pak-kin

First Printing, First Edition, December 2023

Second Printing, First Edition, June 2024

Printed in Hong Kong

ISBN 978-988-8562-88-6

本書為突破 50 周年紀念出版，承蒙支持者贊助製作經費，特此鳴謝。

本書經文取自《新標點和合本》，版權為香港聖經公會所有，承蒙允准採用，

特此鳴謝。

誠邀閣下就突破出版社的書籍發表意見

歡迎加入突破出版社 Facebook page － http://www.facebook.com/btbooks.page

本書採用環保油墨印刷